ROSETTA SERIES:
SWEDISH READER

EDITED BY TONY J RICHARDSON

Rosetta Series: Swedish Reader
© JiaHu Books
First Published in Great Britain in 2023 by JiaHu Books part
of Richardson-Prachai Solutions, LU7 4QQ, UK.
ISBN: 978-1-78435-312-4
Conditions of sale:

A CIP catalogue record for this book is available at the
British Library
Visit us at: jiahubooks.co.uk

For โม, Τύχω and עלה

INTRODUCTION

I have always been deeply interested in less commonly taught languages, and I am thrilled to have finally dedicated time to compiling this collection of readers. These readers aim to bridge the gap between the abundance of beginner's courses available online for free and the actual reading of native materials.

The English translations provided here are not intended to be exemplary in terms of style, but rather designed to assist you in comprehending the Swedish texts. This is particularly evident in the conversations. In my opinion, this approach is the most suitable for a self-contained textbook like this one. Vocabulary that can be easily guessed by those with knowledge of another Germanic language has been omitted.

The articles are loosely grouped by topic, although there are no strict rules. This arrangement facilitates memorisation, as key terms are often repeated across two or three texts.

Enjoy,

Tony.

BILINGUAL TEXTS

DEN SVENSKA SPRÅKET: EN FASCINERANDE RESA GENOM TID OCH KULTUR

Svenska är det officiella språket i Sverige och talas av majoriteten av befolkningen. Det är också ett av de nordiska språken som inkluderar danska, norska, isländska och färöiska. Dess rötter går tillbaka till runskriften, som användes av fornnordiska runskrift på vikingatiden. Under medeltiden utvecklades svenska till ett distinkt språk med influenser från tyska och latin.

Svenskans moderna form började ta form under renässansen då Gustav Vasa översatte bibeln till svenska. Detta var en milstolpe i språkets historia, eftersom det bidrog till att etablera svenska som ett fullfjädrat språk med en standardiserad grammatik och ordförråd.

Ett unikt drag hos svenska är dess tonala ackompanjemang. Detta betyder att uttalet av ett ord kan ändras beroende på tonhöjden, vilket ger det en musikalisk kvalitet. Denna fonetiska särprägel skiljer sig från de flesta germanska språk och ger svenskan dess unika karaktär.

Svenska har genomgått betydande förändringar genom tiderna, vilket återspeglar samhällets utveckling och influenser från andra kulturer. Under 1600-talet infördes många franska ord i svenskan, vilket återspeglade den dåtida franska kulturens inflytande på den europeiska kontinenten.

En annan intressant aspekt av svenska är hur det kan ändras regionalt. Det finns olika dialekter och regionala varianter av språket, vilket ger olika områden sina egna lingvistiska egenskaper och kulturella identiteter.

THE SWEDISH LANGUAGE: A FASCINATING JOURNEY THROUGH TIME AND CULTURE

Swedish is the official language of Sweden and is spoken by the majority of the population. It is also one of the Nordic languages, which includes Danish, Norwegian, Icelandic, and Faroese. Its roots trace back to the runic script used in Old Norse during the Viking Age. During the Middle Ages, Swedish evolved into a distinct language with influences from German and Latin.

The modern form of Swedish began to take shape during the Renaissance when Gustav Vasa translated the Bible into Swedish. This was a milestone in the language's history as it contributed to establishing Swedish as a fully-fledged language with standardized grammar and vocabulary.

A unique feature of Swedish is its tonal accompaniment. This means that the pronunciation of a word can change depending on the pitch, giving it a musical quality. This phonetic characteristic sets Swedish apart from most Germanic languages and gives it its distinct character.

Swedish has undergone significant changes over time, reflecting the development of society and influences from other cultures. In the 17th century, many French words were introduced into Swedish, reflecting the influence of French culture on the European continent at that time.

Another interesting aspect of Swedish is how it can vary regionally. There are different dialects and regional variants of the language, giving different areas their own linguistic features and cultural identities.

Med den globala digitala eran har engelskans inflytande på svenska ökat. Många engelska ord har smält samman med svenskan, särskilt inom teknik- och internetrelaterade termer. Trots detta har svenskan bevarat sin egen identitet och betydelse som ett viktigt verktyg för kulturell uttryck och kommunikation.

Svenska litteraturen har också en rik historia och har bidragit till den globala litterära kanonen med författare som August Strindberg, Selma Lagerlöf, och Astrid Lindgren. Deras verk har översatts till flera språk och har nått en internationell publik, vilket sätter den svenska litteraturen på världskartan.

Språk spelar en avgörande roll i att definiera en nations identitet och kultur. Svenskan är ett levande exempel på detta, och dess utveckling är en spegel av Sveriges historia, samhällsutveckling och kulturella påverkan genom tiderna.

Sammanfattningsvis har svenskan en rik historia som sträcker sig tillbaka till vikingatiden. Dess utveckling har präglats av politiska och kulturella förändringar genom tiderna, vilket har gett språket dess unika egenskaper. Idag fortsätter svenska att vara ett viktigt språk för Sverige och dess folk, och det fortsätter att utvecklas och anpassas till dagens samhälle och teknologiska framsteg.

With the global digital era, the influence of English on Swedish has increased. Many English words have integrated into Swedish, especially in technology and internet-related terms. Despite this, Swedish has retained its own identity and significance as an important tool for cultural expression and communication.

Swedish literature also has a rich history and has contributed to the global literary canon with authors like August Strindberg, Selma Lagerlöf, and Astrid Lindgren. Their works have been translated into several languages and have reached an international audience, putting Swedish literature on the world map.

Language plays a crucial role in defining a nation's identity and culture. Swedish is a living example of this, and its development is a reflection of Sweden's history, societal development, and cultural influences throughout the ages.

In conclusion, Swedish has a rich history dating back to the Viking Age. Its evolution has been shaped by political and cultural changes over time, giving the language its unique characteristics. Today, Swedish continues to be an important language for Sweden and its people, and it continues to evolve and adapt to contemporary society and technological advancements.

Fornnordiska - Old Norse
Runskrift - Runic script
Ordförråd - Vocabulary
Samhällsutveckling - Societal development

SVENSKA DIALEKTER: ETT FÄRGSTARKT MOSAIK AV REGIONAL VARIATION

Svenska dialekter är en rikedom av språklig variation som återspeglar den geografiska och kulturella mångfalden i Sverige. Medan standardsvenska används som det gemensamma skriftspråket och den allmänna kommunikationsformen, finns det en mångfald av dialekter som skiljer sig åt i uttal, grammatik och ordförråd beroende på region och lokala traditioner.

En av de mest framträdande dialektgrupperna är göteborgska, som talas i och runt Göteborg. Denna dialekt kännetecknas av ett karakteristiskt "r-ljud" och unika uttalsvariationer som ger det en egen charm. En annan välkänd dialekt är skånska, som talas i Skåne. Skånskan har särskilda drag som skiljer sig från standardsvenska, inklusive en distinkt vokal och melodi.

I Norrland finns det också flera dialekter som har gemensamma drag men också unika variationer. Bland dessa finns Norrbottenska, Västerbottenska och Ångermanländska dialekter, var och en med sina egna särskilda utmärkelser.

Dialekterna i Svealand, som är centrala delen av Sverige, inkluderar exempelvis uppländska, västmanländska och dalmål. Dessa dialekter har sin egen charm och påverkas av närheten till Stockholm och de omgivande områdena.

Det finns också dialekter i Östergötland, Småland och Gotland som är lika färgstarka och unika. Dialekterna i dessa områden visar på hur geografiska avstånd och historiska förhållanden har påverkat språket.

SWEDISH DIALECTS: A COLORFUL MOSAIC OF REGIONAL VARIATION

Swedish dialects represent a wealth of linguistic variation that reflects the geographical and cultural diversity of Sweden. While Standard Swedish is used as the common written language and general form of communication, there is a multitude of dialects that differ in pronunciation, grammar, and vocabulary depending on the region and local traditions.

One of the most prominent dialect groups is "göteborgska," spoken in and around Gothenburg. This dialect is characterized by a distinct "r-sound" and unique pronunciation variations that give it its own charm. Another well-known dialect is "skånska," spoken in Skåne. Skånska has particular features that set it apart from Standard Swedish, including distinctive vowels and intonation.

In Norrland, there are also several dialects that share common traits but also have unique variations. Among these are "Norrbottenska," "Västerbottenska," and "Ångermanländska" dialects, each with its own special characteristics.

The dialects in Svealand, the central part of Sweden, include dialects such as "uppländska," "västmanländska," and "dalmål." These dialects have their own charm and are influenced by their proximity to Stockholm and the surrounding areas.
There are also dialects in Östergötland, Småland, and Gotland that are equally colorful and distinctive. The dialects in these regions showcase how geographical distance and historical circumstances have influenced the language.

En intressant aspekt av svenska dialekter är hur de har påverkats av de samhälleliga förändringarna över tid. Industrialisering, urbanisering och ökad rörlighet har lett till en viss homogenisering av dialekterna, särskilt bland yngre generationer som mer frekvent använder standardsvenska.

Trots detta är dialekterna en viktig del av den svenska kulturarvet och identiteten. De avspeglar de unika traditionerna och historierna i varje region, och många människor är stolta över att bevara sina lokala dialektiska drag.

Svenska dialekter har också en betydande roll inom litteratur, teater och film. Flera kända författare och skådespelare har utforskat och framhävt dialektala nyanser för att ge karaktärer autenticitet och djup i sina verk.

I dagens globaliserade värld har dock den ökande mobiliteten och mediaexponeringen påverkat användningen av dialekter, särskilt bland yngre generationer. Detta har utmanat bevarandet av dialektala traditioner, men det finns också en ökad medvetenhet och intresse för att bevara och utforska det lokala språket.

Sammanfattningsvis är svenska dialekter en fascinerande resa genom Sveriges geografiska och kulturella landskap. Deras unika drag är en del av den språkliga mångfalden som definierar Sverige och ger landet dess färgstarka lingvistiska mosaik.

An interesting aspect of Swedish dialects is how they have been impacted by societal changes over time. Industrialization, urbanization, and increased mobility have led to some homogenization of dialects, particularly among younger generations who more frequently use Standard Swedish.

Nevertheless, dialects remain an important part of Swedish cultural heritage and identity. They reflect the unique traditions and histories of each region, and many people take pride in preserving their local dialectal features.

Swedish dialects also play a significant role in literature, theater, and film. Several well-known authors and actors have explored and highlighted dialectal nuances to provide authenticity and depth to characters in their works.

In today's globalized world, however, increasing mobility and media exposure have affected the use of dialects, especially among younger generations. This has posed challenges to preserving dialectal traditions, but it has also led to an increased awareness and interest in preserving and exploring the local language.

In conclusion, Swedish dialects offer a fascinating journey through Sweden's geographical and cultural landscape. Their unique features form part of the linguistic diversity that defines Sweden and contribute to the country's colorful linguistic mosaic.

Färgstarkt - Colorful
Uttalet - Pronunciation
Vokal - Vowel
Melodi - Intonation
Exponering - Exposure
Bevarandet - Preservation

DET GEMENSAMMA BANDET: RELATIONEN MELLAN SVENSKA, DANSKA OCH NORSKA

Svenska, danska och norska är tre av de nordiska språken som har en nära släktskap och ett unikt samband. Deras likheter har sina rötter i fornnordiskan, som var det gemensamma språket för de nordiska folken under vikingatiden.

Trots att varje språk har utvecklats på olika sätt, delar de fortfarande många likheter, både i grammatik och ordförråd. Denna gemensamma grund gör att talare av svenska, danska och norska kan förstå varandra relativt väl, särskilt skriftligt.

Historiskt sett har Sverige, Danmark och Norge haft en komplex relation som har påverkat språken. Under medeltiden var de tre länderna förenade under Kalmarunionen, vilket ledde till en ökad språklig kontakt och påverkan på varandras dialekter och uttal. Även om Kalmarunionen upplöstes på 1500-talet, har de lingvistiska påverkningarna överlevt genom århundradena.

Danska hade en betydande inverkan på svenskan under vissa historiska perioder, särskilt under kung Kristian II:s tid då danska var det dominerande språket vid det svenska hovet. Många danska lånord integrerades i svenska språket under denna period och har bevarats ända fram till idag.

Å andra sidan hade norskan också en påverkan på svenska, särskilt i de nordligare regionerna där det fanns en närmare kontakt mellan de norsktalande områdena och Sverige.

THE COMMON BOND: THE RELATIONSHIP BETWEEN SWEDISH, DANISH, AND NORWEGIAN

Swedish, Danish, and Norwegian are three of the Nordic languages that have a close kinship and a unique connection. Their similarities trace back to Old Norse, which was the common language of the Nordic peoples during the Viking Age.

Despite each language evolving differently, they still share many similarities, both in grammar and vocabulary. This common foundation allows speakers of Swedish, Danish, and Norwegian to understand each other relatively well, especially in writing.

Historically, Sweden, Denmark, and Norway have had a complex relationship that has influenced the languages. During the Middle Ages, the three countries were united under the Kalmar Union, leading to increased linguistic contact and mutual influence on each other's dialects and pronunciation. Although the Kalmar Union dissolved in the 16th century, the linguistic influences have survived through the centuries.

Danish had a significant impact on Swedish during certain historical periods, especially during the reign of King Christian II, when Danish was the dominant language at the Swedish court. Many Danish loanwords were integrated into the Swedish language during this time and have been preserved until today.

On the other hand, Norwegian also influenced Swedish, particularly in the northern regions where there was closer contact between the Norwegian-speaking areas and Sweden.

Efter att Kalmarunionen upplöstes blev dansk och norska självständiga språk, men likheterna mellan dem har förblivit starka. Idag kan danskar och norrmän kommunicera med varandra relativt lätt, även om de förstår varandra bättre i skrift än i tal.

Svenska, danska och norska är även officiella språk i Nordiska rådet, vilket främjar samarbete och gemensamma mål mellan de nordiska länderna. Detta har fortsatt att stärka de kulturella och språkliga banden mellan svenska, danska och norska talare.

Även om det finns många likheter mellan språken, har de också sina egna särdrag och regionala variationer. Norska har till exempel två skriftliga standardvarianter - bokmål och nynorska - medan svenska och danska har en gemensam standard för skriftspråket.

Sammanfattningsvis har de nordiska språken, svenska, danska och norska, en djupt rotad relation som sträcker sig tillbaka till vikingatiden. Deras gemensamma historia och geografiska närhet har påverkat deras utveckling och gett dem ett unikt samband. Trots deras likheter har varje språk bevarat sin egen identitet och spelar en viktig roll i kulturell och språklig uttryck för sina respektive länder.

After the dissolution of the Kalmar Union, Danish and Norwegian became independent languages, but the similarities between them have remained strong. Today, Danes and Norwegians can communicate with each other relatively easily, although they understand each other better in writing than in speech.

Swedish, Danish, and Norwegian are also official languages in the Nordic Council, which promotes cooperation and common goals among the Nordic countries. This has continued to strengthen the cultural and linguistic bonds between speakers of Swedish, Danish, and Norwegian.

Although there are many similarities between the languages, they also have their own characteristics and regional variations. For example, Norwegian has two written standard variants - Bokmål and Nynorsk - while Swedish and Danish have a common standard for written language.

In conclusion, the Nordic languages, Swedish, Danish, and Norwegian, have a deeply rooted relationship that dates back to the Viking Age. Their shared history and geographical proximity have influenced their development and given them a unique connection. Despite their similarities, each language has preserved its own identity and plays an important role in cultural and linguistic expression for its respective countries.

Självständiga - Independent
Dominerande - Dominant
Vikingatiden - The Viking Age
Nordiska rådet - Nordic Council
Utveckling - Development
Uttryck - Expression
Skriftligt - In writing
Inverkan - Impact

SVERIGES NATIONALSÅNG: EN HYLLNING TILL FOSTERLANDET

Sveriges nationalsång, "Du gamla, du fria," är en kärleksfull hyllning till fosterlandet och dess historia. Denna vackra hymn har en speciell plats i svensk kultur och nationell identitet, och den har spelat en central roll vid många nationella ceremonier och evenemang.

Texten till nationalsången skrevs av Richard Dybeck och tonsattes av folktonsättaren Otto Lindblad på 1800-talet. Sången framfördes för första gången offentligt den 13 december 1844 under en studentsammankomst i Lund. Sedan dess har den blivit en symbol för Sverige och en viktig del av den svenska traditionen.

"Du gamla, du fria" hyllar Sveriges natursköna landskap, dess historia och modiga folk. Texten fångar känslan av stolthet över landet och dess frihet. Många svenskar känner en stark samhörighet med nationalsången, och den sjungs med stolthet vid olika tillfällen, såsom idrottsmatcher, nationaldagen och andra högtidsstunder.

En unik aspekt av Sveriges nationalsång är att den har elva verser, men vanligtvis sjungs endast den första versen vid officiella tillställningar. De övriga verserna är mindre kända men har sina egna poetiska budskap om Sveriges historia och folk. Vid speciella tillfällen kan dock fler verser sjungas för att ge en mer fullständig och gripande hyllning till fosterlandet.

I modern tid har nationalsången blivit föremål för debatt angående dess relevans och inklusivitet.

SWEDEN'S NATIONAL ANTHEM: A TRIBUTE TO THE HOMELAND

Sweden's national anthem, "Du gamla, du fria" (Thou ancient, Thou free), is a heartfelt tribute to the homeland and its history. This beautiful hymn holds a special place in Swedish culture and national identity, and it has played a central role in many national ceremonies and events.

The lyrics to the national anthem were written by Richard Dybeck and set to music by folk composer Otto Lindblad in the 19th century. The song was first performed publicly on December 13, 1844, during a student gathering in Lund. Since then, it has become a symbol of Sweden and an important part of Swedish tradition.

"Du gamla, du fria" celebrates Sweden's scenic landscapes, its history, and brave people. The lyrics capture the feeling of pride in the country and its freedom. Many Swedes feel a strong sense of connection with the national anthem, and it is sung with pride on various occasions, such as sports matches, national day celebrations, and other festive moments.

A unique aspect of Sweden's national anthem is that it has eleven verses, but typically only the first verse is sung at official events. The other verses are less known but carry their own poetic messages about Sweden's history and people. On special occasions, however, more verses may be sung to provide a more complete and poignant tribute to the homeland.

In modern times, the national anthem has been the subject of debate regarding its relevance and inclusivity.

Vissa har föreslagit att nationalsången bör anpassas för att spegla det mångkulturella samhället i dagens Sverige. Andra har argumenterat för att behålla den i sin traditionella form som ett sätt att hedra landets historia och kulturella arv.

Trots debatterna fortsätter "Du gamla, du fria" att vara en stark symbol för Sverige och dess folk. Nationalsången väcker känslor av stolthet och samhörighet, och den är en påminnelse om landets rika historia och den gemenskap som förenar dess medborgare.

Sveriges nationalsång har överlevt tidens gång och förblir en viktig del av den svenska kulturen. Dess tidlösa budskap om kärlek till fosterlandet och dess folk fortsätter att inspirera generationer och stärka den nationella sammanhållningen i Sverige.

Sammanfattningsvis är Sveriges nationalsång "Du gamla, du fria" en kärleksfull hyllning till Sverige och dess historia. Den är en symbol för svensk kultur och nationell identitet och har en speciell plats i hjärtan av det svenska folket. Nationalsången fortsätter att vara en källa till stolthet och gemenskap, och den spelar en viktig roll vid nationella ceremonier och tillställningar.

Some have proposed adapting the anthem to reflect the multicultural society of present-day Sweden. Others have argued to keep it in its traditional form as a way to honor the country's history and cultural heritage.

Despite the debates, "Du gamla, du fria" remains a strong symbol of Sweden and its people. The national anthem evokes feelings of pride and unity, and it serves as a reminder of the country's rich history and the community that unites its citizens.

Sweden's national anthem has withstood the test of time and remains an important part of Swedish culture. Its timeless message of love for the homeland and its people continues to inspire generations and strengthen national cohesion in Sweden.

In conclusion, Sweden's national anthem "Du gamla, du fria" is a heartfelt tribute to Sweden and its history. It is a symbol of Swedish culture and national identity and holds a special place in the hearts of the Swedish people. The national anthem continues to be a source of pride and unity, playing a significant role in national ceremonies and events.

Fosterlandet - Homeland
Samhörighet - Connection/Unity
Tillställningar - Events/Occasions
Budskap - Message
Tidlös - Timeless
Hyllning - Tribute
Gemenskap - Community
Tonsattes - Composed
Offentligt - Publicly

STEREOTYPER AV NORRLÄNNINGAR OCH SÖRLÄNNINGAR I SVERIGE

Stereotyper av norrlänningar och sörlänningar i Sverige har funnits i många år och är ofta baserade på geografiska och kulturella skillnader mellan norra och södra delarna av landet. Dessa stereotyper kan vara både fördomsfulla och generaliserande, och det är viktigt att komma ihåg att de inte nödvändigtvis representerar alla individer i respektive region.

Norrlänningar, som kommer från de mer avlägsna och glesbefolkade norra delarna av Sverige, har ibland blivit stereotyperade som tystlåtna och reserverade. De sägs vara robusta och tåliga, med en nära anknytning till naturen och utomhusaktiviteter. Denna stereotyp har kanske uppstått på grund av det utmanande klimatet och den rika natur som finns i norra Sverige.

Sörlänningar, å andra sidan, kommer från de mer tätbefolkade och urbaniserade södra delarna av landet. De har ibland blivit stereotyperade som mer utåtriktade och livliga än norrlänningarna. Sörlänningar associeras ofta med det pulserande stadslivet, kulturella evenemang och ett mer aktivt nattliv.

Det är viktigt att påpeka att dessa stereotyper inte representerar alla individer i respektive region och att det finns många variationer inom varje grupp. Människor är individer med unika personligheter och intressen som inte alltid passar in i de förväntningar som dessa stereotyper kan skapa.

STEREOTYPES OF NORTHERNERS AND SOUTHERNERS IN SWEDEN

Stereotypes of Northerners and Southerners in Sweden have existed for many years and are often based on geographical and cultural differences between the northern and southern parts of the country. These stereotypes can be both prejudiced and generalizing, and it's important to remember that they do not necessarily represent all individuals in their respective regions.

Northerners, who come from the more remote and sparsely populated northern parts of Sweden, have sometimes been stereotyped as reserved and taciturn. They are said to be robust and resilient, with a close connection to nature and outdoor activities. This stereotype may have arisen due to the challenging climate and rich nature found in northern Sweden.

Southerners, on the other hand, come from the more densely populated and urbanized southern parts of the country. They have sometimes been stereotyped as more outgoing and lively than Northerners. Southerners are often associated with vibrant city life, cultural events, and a more active nightlife.

It's important to emphasize that these stereotypes do not represent all individuals in their respective regions, and there are many variations within each group. People are individuals with unique personalities and interests that don't always fit the expectations that these stereotypes may create.

Stereotyper kan påverka hur människor betraktas och bemöts, och de kan bidra till missförstånd och fördomar mellan olika regioner. Att generalisera om en hel grupp baserat på deras geografiska bakgrund är inte rättvist och kan leda till att viktiga nyanser och individuella egenskaper ignoreras.

En mer nyanserad och rättvis syn på människor från olika delar av Sverige är viktig för att främja förståelse och samarbete mellan olika regioner. Det är viktigt att erkänna och respektera de kulturella och geografiska skillnaderna, samtidigt som man inte drar förhastade slutsatser om människor baserat på stereotyper.

Det finns mycket mer som förenar norrlänningar och sörlänningar än vad som skiljer dem åt. Båda grupperna har en gemensam nationell identitet och delar en stolt historia och kultur. Genom att uppmärksamma våra likheter och öppna våra sinnen för mångfalden inom varje region kan vi bygga en mer inkluderande och sammanhållen nation.

Sammanfattningsvis är det viktigt att vara medveten om stereotyper av norrlänningar och sörlänningar i Sverige. Dessa stereotyper kan vara fördomsfulla och generaliserande, och det är viktigt att inte dra förhastade slutsatser om människor baserat på deras geografiska bakgrund. Genom att främja förståelse och respekt för kulturella och geografiska skillnader kan vi skapa en mer inkluderande och sammanhållen nation.

Stereotypes can influence how people are perceived and treated, and they can contribute to misunderstandings and prejudices between different regions. Generalizing about an entire group based on their geographical background is unfair and can lead to important nuances and individual characteristics being overlooked.

A more nuanced and fair view of people from different parts of Sweden is important to promote understanding and cooperation between different regions. It's crucial to recognize and respect the cultural and geographical differences while not making hasty conclusions about people based on stereotypes.

There is much more that unites Northerners and Southerners than what sets them apart. Both groups share a common national identity and have a proud history and culture. By acknowledging our similarities and opening our minds to the diversity within each region, we can build a more inclusive and cohesive nation.

In conclusion, it's important to be aware of stereotypes of Northerners and Southerners in Sweden. These stereotypes can be prejudiced and generalizing, and it's important not to make hasty conclusions about people based on their geographical background. By promoting understanding and respect for cultural and geographical differences, we can create a more inclusive and cohesive nation.

Tystlåtna - Reserved   Bevarar - Preserve
Glesbefolkade - Sparsely populated
Sammanhållen - Cohesive
Fördomsfulla - Prejudiced
Pulserande - Vibrant
örväntningar - Expectations
Mångfalden - Diversity
Anslutning - Connection

SVERIGES DEMOGRAFI: EN MÅNGFALDIG OCH FÖRÄNDERLIG BEFOLKNING

Sveriges demografi är en fascinerande blandning av kulturell och etnisk mångfald, åldersstruktur och geografisk fördelning. Landet har genomgått betydande förändringar i befolkningssammansättningen under åren, och dessa trender fortsätter att påverka landets sociala och ekonomiska landskap.

Den senaste officiella folkräkningen som genomfördes år 2020 visade att Sverige har en befolkning på över 10 miljoner människor. Majoriteten av befolkningen bor i städer och tätorter, med de största koncentrationerna i Stockholm, Göteborg och Malmö.

En viktig faktor som har påverkat Sveriges demografi är invandringen. Under det senaste decenniet har Sverige varit en destination för många migranter och flyktingar från olika delar av världen. Detta har bidragit till en ökad etnisk och kulturell mångfald i landet.

Sveriges invånare kommer från olika bakgrunder och nationaliteter. Utöver den svenska majoritetsbefolkningen finns det betydande minoritetsgrupper som invandrare från länder som Syrien, Irak, Iran, Somalia och Afghanistan. Detta har skapat en rikedom av kulturer, språk och traditioner som berikar samhället och bidrar till Sveriges mångkulturella identitet.

Åldersstrukturen i Sverige är också en viktig aspekt av dess demografi. Landet har en åldrande befolkning, där den äldre gruppen över 65 år blir allt större i förhållande till den yngre befolkningen.

SWEDISH DEMOGRAPHICS: A DIVERSE AND CHANGING POPULATION

Sweden's demographics are a fascinating mix of cultural and ethnic diversity, age structure, and geographic distribution. The country has undergone significant changes in its population composition over the years, and these trends continue to influence its social and economic landscape.

The latest official census conducted in 2020 showed that Sweden has a population of over 10 million people. The majority of the population lives in cities and urban areas, with the largest concentrations in Stockholm, Gothenburg, and Malmö.

An important factor that has influenced Sweden's demographics is immigration. In the past decade, Sweden has been a destination for many migrants and refugees from various parts of the world. This has contributed to an increased ethnic and cultural diversity in the country.

Sweden's inhabitants come from various backgrounds and nationalities. In addition to the Swedish majority population, there are significant minority groups of immigrants from countries such as Syria, Iraq, Iran, Somalia, and Afghanistan. This has created a richness of cultures, languages, and traditions that enriches society and contributes to Sweden's multicultural identity.

The age structure in Sweden is also a significant aspect of its demographics.

Denna demografiska förändring utmanar samhället med frågor om pensionssystemet, sjukvård och äldreomsorg.

Ett annat intressant drag av Sveriges demografi är dess födelsetal och fertilitetsnivå. Under senare år har födelsetalen ökat något, men de är fortfarande relativt låga jämfört med tidigare decennier. Fertilitetsnivån i Sverige är nära den så kallade ersättningsnivån, vilket innebär att antalet barn som föds är tillräckligt för att ersätta den befintliga befolkningen.

Geografiskt sett är Sveriges befolkning inte jämnt fördelad över landet. Många delar av Norrland, den norra regionen, har en låg befolkningstäthet på grund av de utmanande klimat- och naturförhållandena. Å andra sidan är södra och centrala delarna av Sverige mer tätbefolkade med högre urbanisering.

För att hantera de demografiska utmaningarna arbetar Sverige med olika strategier och politik. Bland annat genomförs integrationssatsningar för att underlätta för invandrare att bli en del av det svenska samhället. Åtgärder för att främja arbetskraftsdeltagande och stödja den äldre befolkningen har också implementerats för att säkerställa en hållbar framtid för landet.

Sammanfattningsvis visar Sveriges demografi en dynamisk och föränderlig befolkning med betydande etnisk och kulturell mångfald. Invandring, åldrande befolkning och geografiska skillnader är alla faktorer som formar landets demografiska landskap. Genom att hantera dessa utmaningar och omfamna mångfalden kan Sverige fortsätta att vara en inkluderande och framstående nation.
Befolkningssammansättningen - Population composition
Invandrare - Immigrants   Hållbar - Sustainable
Befolkningstäthet - Population density
Åldrande - Aging   Ersättningsnivå - Replacement level

The country has an aging population, with the elderly group over 65 years old becoming increasingly larger compared to the younger population. This demographic change poses challenges for the society in terms of issues related to the pension system, healthcare, and elderly care.

Another interesting feature of Sweden's demographics is its birth rate and fertility level. In recent years, birth rates have increased slightly, but they are still relatively low compared to previous decades. Sweden's fertility rate is close to the replacement level, meaning that the number of children born is sufficient to replace the existing population.

Geographically, Sweden's population is not evenly distributed across the country. Many parts of Norrland, the northern region, have a low population density due to challenging climate and natural conditions. On the other hand, the southern and central parts of Sweden are more densely populated with higher urbanization.

To address the demographic challenges, Sweden is working on various strategies and policies. Integration efforts are being implemented to facilitate immigrants' participation in Swedish society. Measures to promote labor force participation and support the elderly population have also been put in place to ensure a sustainable future for the country.

In conclusion, Sweden's demographics show a dynamic and changing population with significant ethnic and cultural diversity. Immigration, an aging population, and geographic differences are all factors shaping the country's demographic landscape. By addressing these challenges and embracing diversity, Sweden can continue to be an inclusive and progressive nation.
Framstående - Progressive
Arbetskraftsdeltagande - Labor force participation

DEN SVENSKA EKONOMINS STYRKOR OCH UTMANINGAR

Den svenska ekonomin har länge varit känd för sin stabilitet och innovativa framsteg. Med en öppen marknadsekonomi och starkt engagemang för teknologisk utveckling har Sverige blomstrat som en av de mest framgångsrika ekonomierna i världen. I denna uppsats kommer vi att utforska några av de viktigaste styrkorna och utmaningarna för den svenska ekonomin.

En av de mest framträdande styrkorna i den svenska ekonomin är dess höga produktivitet och konkurrenskraft. Landet har en välutbildad arbetskraft och en arbetsmiljö som främjar kreativitet och innovation. Sverige är känt för att vara hem för flera globala företag inom teknik, telekommunikation, och andra högteknologiska industrier. Denna teknologiska framåtskridande har lett till betydande export av innovativa produkter och tjänster, vilket i sin tur har bidragit till ekonomisk tillväxt och välstånd.

En annan styrka är Sveriges sociala välfärdssystem. Landet har ett omfattande nätverk av offentliga tjänster, inklusive sjukvård, utbildning och socialt skydd, vilket ger sina medborgare en hög levnadsstandard och en god livskvalitet. Detta välfungerande system främjar social stabilitet och minskar ekonomiska klyftor, vilket skapar en mer jämlik samhällsstruktur.

En tredje viktig styrka är Sveriges starka exportsektor. Landet har en diversifierad exportbas, med framstående industrier inom fordonsindustrin, maskinteknik, skogsprodukter, och informationsteknik. Dess närhet till övriga Europa har också spelat en avgörande roll för att underlätta internationell handel och affärer.

THE SWEDISH ECONOMY: STRENGTHS AND CHALLENGES

The Swedish economy has long been known for its stability and innovative progress. With an open market economy and a strong commitment to technological development, Sweden has flourished as one of the most successful economies in the world. In this essay, we will explore some of the key strengths and challenges of the Swedish economy.

One of the most prominent strengths of the Swedish economy is its high productivity and competitiveness. The country has a well-educated workforce and a work environment that fosters creativity and innovation. Sweden is known for being home to several global companies in technology, telecommunications, and other high-tech industries. This technological advancement has led to significant exports of innovative products and services, contributing to economic growth and prosperity.

Another strength is Sweden's social welfare system. The country has a comprehensive network of public services, including healthcare, education, and social protection, providing its citizens with a high standard of living and good quality of life. This well-functioning system promotes social stability and reduces economic disparities, creating a more equitable societal structure.

A third important strength is Sweden's strong export sector. The country has a diversified export base, with prominent industries in the automotive, machinery, forestry products, and information technology sectors. Its proximity to the rest of Europe has also played a crucial role in facilitating international trade and business.

Trots dessa styrkor står den svenska ekonomin också inför utmaningar. En av de mest påtagliga är befolkningens åldrande. Sverige har en växande andel äldre medborgare, vilket sätter press på pensionssystemet och sjukvården. Att hantera de demografiska förändringarna kommer att kräva kreativa och hållbara lösningar för att säkerställa att äldreomsorgen är av hög kvalitet och hållbar på lång sikt.

En annan utmaning är arbetskraftens tillgänglighet. Trots en högutbildad arbetskraft möter vissa branscher och regioner en kompetensbrist, särskilt inom teknik- och ingenjörsområdet. Att säkerställa en rättvis och effektiv arbetsmarknad kommer att kräva fortsatta investeringar i utbildning och yrkesutbildning.

Globala ekonomiska utmaningar påverkar också den svenska ekonomin. Internationella handelskonflikter och geopolitiska spänningar kan påverka exportsektorn och skapa osäkerhet för svenska företag som är beroende av internationell handel.

För att möta dessa utmaningar kommer det att vara viktigt för Sverige att fortsätta investera i forskning och utveckling, innovation och utbildning. Att främja en diversifierad ekonomi och stärka samarbetet mellan offentlig sektor och näringslivet kommer att vara nyckelfaktorer för att upprätthålla och förbättra den svenska ekonomins konkurrenskraft.

Sammanfattningsvis har den svenska ekonomin varit framgångsrik med sin produktivitet, sociala välfärdssystem och exportsektor. Utmaningarna med åldrande befolkning, arbetskraftens tillgänglighet och globala ekonomiska påverkan kräver dock fortsatt ansträngning och strategiskt tänkande för att säkerställa en hållbar och välmående ekonomi för framtiden.

Despite these strengths, the Swedish economy also faces challenges. One of the most significant is the aging population. Sweden has a growing proportion of elderly citizens, putting pressure on the pension system and healthcare. Addressing demographic changes will require creative and sustainable solutions to ensure that elderly care is of high quality and sustainable in the long term.

Another challenge is the availability of the workforce. Despite having a highly educated workforce, some industries and regions face skill shortages, particularly in the technology and engineering fields. Ensuring a fair and efficient labor market will require continued investments in education and vocational training.

Global economic challenges also impact the Swedish economy. International trade conflicts and geopolitical tensions can affect the export sector and create uncertainty for Swedish companies that rely on international trade.

To address these challenges, it will be crucial for Sweden to continue investing in research and development, innovation, and education. Promoting a diversified economy and strengthening collaboration between the public sector and the private sector will be key factors in maintaining and improving the competitiveness of the Swedish economy.

In conclusion, the Swedish economy has been successful with its productivity, social welfare system, and export sector. However, the challenges of an aging population, workforce availability, and global economic impact require continued effort and strategic thinking to ensure a sustainable and prosperous economy for the future.
Framåtskridande - Progress Framgångsrik - Successful
Välfärdsystem - Welfare system
Kompetensbrist - Skill shortage
Jämlik - Equitable

SAAB: EN IKONISK SVENSK BILTILLVERKARE SOM ÖVERVINNER UTMANINGAR

Saab är en ikonisk svensk biltillverkare med en rik historia och en trogen skara av beundrare över hela världen. Företaget grundades ursprungligen 1937 som en flygplanstillverkare och började senare tillverka bilar. Under åren har Saab skapat bilar som har blivit kända för sin säkerhet, innovation och unika design.

Den första Saab-bilen, Saab 92, introducerades 1949 och blev snabbt populär för sin eleganta design och tekniska innovationer. Bilen var utrustad med en tvåtaktsmotor och hade en aerodynamisk kaross som gjorde den till en av de mest bränsleeffektiva bilarna i sin tid. Saab 92 blev en symbol för svensk ingenjörskonst och banade vägen för företagets framgångar inom bilindustrin.

Under åren som följde fortsatte Saab att producera en rad framgångsrika bilmodeller, inklusive Saab 99 och Saab 900, som båda blev kända för sin unika design och avancerade teknologi. Saab blev också känd för sin starka fokus på säkerhet och var en av de första biltillverkarna som introducerade antisladdsystemet i sina bilar.

Under 1990-talet och 2000-talet mötte Saab emellertid ekonomiska utmaningar som ledde till förändringar i ägandet av företaget. Efter att ha varit en del av General Motors-koncernen blev Saab 2010 ett självständigt företag under Spyker Cars. Tyvärr var den ekonomiska situationen fortsatt svår, och 2012 blev Saab tvunget att ansöka om konkurs.

SAAB: AN ICONIC SWEDISH CAR MANUFACTURER OVERCOMING CHALLENGES

Saab is an iconic Swedish car manufacturer with a rich history and a loyal following worldwide. Originally founded in 1937 as an aircraft manufacturer, Saab later ventured into car production. Over the years, Saab has created cars known for their safety, innovation, and unique design.

The first Saab car, the Saab 92, was introduced in 1949 and quickly gained popularity for its elegant design and technical innovations. The car was equipped with a two-stroke engine and had an aerodynamic body, making it one of the most fuel-efficient cars of its time. The Saab 92 became a symbol of Swedish engineering prowess and paved the way for the company's success in the automotive industry.

In the years that followed, Saab continued to produce a range of successful car models, including the Saab 99 and Saab 900, both of which became known for their distinctive design and advanced technology. Saab also gained recognition for its strong focus on safety and was one of the first car manufacturers to introduce anti-lock braking systems in its vehicles.

During the 1990s and 2000s, however, Saab faced economic challenges that led to changes in the company's ownership. After being a part of the General Motors group, Saab became an independent company under Spyker Cars in 2010. Unfortunately, the financial situation remained difficult, and in 2012, Saab was forced to file for bankruptcy.

Trots dessa motgångar har Saab fortsatt att vara en symbol för svensk design och teknisk innovation. Företagets varumärke har levt vidare genom en lojal skara av ägare och entusiaster som värdesätter Saabs unika arv och kvalitet. Efter konkursen övertogs delar av Saabs tillgångar av det kinesiska företaget National Electric Vehicle Sweden (NEVS), som fokuserar på att producera elbilar under Saab-varumärket.

En av de mest minnesvärda modellerna från Saab är Saab 900 Turbo, som introducerades på 1970-talet. Den turboladdade motorn gav bilen en imponerande prestanda och gjorde den till en favorit bland bilentusiaster. Saab 900 Turbo blev också känd för sin unika design, inklusive den distinkta flygplansliknande kabinen och de omvända vindrutetorkarna.

Även om Saab som biltillverkare inte längre existerar i sin ursprungliga form, fortsätter dess arv att leva vidare genom dess lojala fanbase och de modeller som fortfarande används runt om i världen. Saab har satt sitt avtryck på bilindustrin genom sina innovativa teknologier och sitt engagemang för säkerhet, och det kommer alltid att vara en del av den svenska bilhistorien.

Sammanfattningsvis är Saab en ikonisk svensk biltillverkare med en fascinerande historia och en lojal skara av beundrare. Företaget har bidragit till bilindustrins utveckling genom sina tekniska innovationer och sitt fokus på säkerhet. Även om Saab mötte ekonomiska utmaningar och inte längre tillverkar bilar i sin ursprungliga form, fortsätter dess arv att leva vidare genom dess älskade modeller och dedikerade fans.

Varumärke - Brand
Flygplansliknande - Aircraft-like
Omvända - Reversed
Tillgångar - Assets

Despite these setbacks, Saab has continued to be a symbol of Swedish design and technical innovation. The brand has lived on through a loyal group of owners and enthusiasts who value Saab's unique heritage and quality. After the bankruptcy, parts of Saab's assets were acquired by the Chinese company National Electric Vehicle Sweden (NEVS), which focuses on producing electric cars under the Saab brand.

One of Saab's most memorable models is the Saab 900 Turbo, introduced in the 1970s. The turbocharged engine provided the car with impressive performance and made it a favorite among car enthusiasts. The Saab 900 Turbo also became known for its distinctive design, including the distinct aircraft-like cabin and the reversed windshield wipers.

Although Saab as a car manufacturer no longer exists in its original form, its legacy continues to live on through its loyal fan base and the models still in use around the world. Saab has left its mark on the automotive industry with its innovative technologies and commitment to safety, and it will always be a part of Swedish car history.

In conclusion, Saab is an iconic Swedish car manufacturer with a fascinating history and a devoted following. The company has contributed to the development of the automotive industry through its technical innovations and focus on safety. Despite facing economic challenges and no longer manufacturing cars in its original form, Saab's legacy endures through its beloved models and dedicated fans.
Företagsägande - Ownership
Ekonomiska utmaningar - Economic challenges
Avtryck - Mark
Luftfart - Aviation
Bränsleeffektiva - Fuel-efficient

VIKINGATIDEN I SVERIGE: UTFORSKNING AV SVENSK VIKINGAKULTUR OCH EXPANSION

Vikingatiden i Sverige, som sträckte sig från slutet av 700-talet till början av 1000-talet, var en period av stor betydelse i den svenska historien. Under denna epok utvecklade sig en unik vikingakultur som kännetecknades av handel, utforskning, och en framstående sjöfartstradition. Samtidigt expanderade svenska vikingar över haven och etablerade handelsrutter och bosättningar i fjärran länder.

Sjöfarten spelade en avgörande roll i den svenska vikingakulturen. Svenska vikingar var kända för sina snabba och välbyggda skepp, kallade långskepp, som möjliggjorde resor över både hav och floder. Dessa skepp användes inte bara för plundringståg, utan också för handel och utforskning. Vikingarna seglade till platser som dagens Ryssland, Mellanöstern, Nordafrika och delar av Europa. Deras sjöfartskunnighet gjorde dem till skickliga handelsmän och utforskare.

Under vikingatiden utvecklades också en unik vikingakultur i Sverige. Vikingarna var kända för sina djärva krigare och deras tro på hedniska gudar som Oden, Tor och Freja. De hade en stark krigarkultur och var skickliga i att hantera vapen och stridstaktik. Samtidigt var de också skickliga hantverkare och konstnärer och skapade vackra smycken, vapen och båtar.

Handel var en annan central del av den svenska vikingakulturen. Vikingarna deltog i omfattande handelsnätverk som spände över hela Europa, och de handlade med varor som pälsverk, trä, bärnsten och järn.

THE VIKING AGE IN SWEDEN: EXPLORING SWEDISH VIKING CULTURE AND EXPANSION

The Viking Age in Sweden, which lasted from the late 8th century to the early 11th century, was a period of great significance in Swedish history. During this epoch, a unique Viking culture developed, characterized by trade, exploration, and a prominent maritime tradition. Meanwhile, Swedish Vikings expanded across the seas, establishing trade routes and settlements in distant lands.

Maritime activities played a crucial role in Swedish Viking culture. Swedish Vikings were known for their fast and well-built ships, called longships, which enabled travel across both seas and rivers. These ships were used not only for raiding but also for trade and exploration. Vikings sailed to places such as present-day Russia, the Middle East, North Africa, and parts of Europe. Their maritime expertise made them skilled traders and explorers.

During the Viking Age, a distinctive Viking culture also developed in Sweden. Vikings were known for their bold warriors and their belief in pagan gods like Odin, Thor, and Freyja. They had a strong warrior culture and were skilled in handling weapons and combat tactics. At the same time, they were also skilled craftsmen and artists, creating beautiful jewelry, weapons, and boats.

Trade was another central aspect of Swedish Viking culture. Vikings participated in extensive trade networks that spanned across Europe, exchanging goods such as furs, timber, amber, and iron.

Handeln var en viktig källa till välstånd och rikedom för vikingarna och bidrog till att stärka deras position som en framstående makt i regionen.

Under vikingatiden expanderade svenska vikingar sina bosättningar och inflytande till andra delar av världen. De etablerade handelsstationer och bosättningar på platser som Island, Grönland och Nordamerika. Vikingarnas utforskning och kolonisering av dessa områden visar deras djärva och äventyrliga anda.

En av de mest kända händelserna under vikingatiden var vikingarnas plundringståg i Europa. De genomförde skräckinjagande räder mot kustsamhällen och kloster, där de plundrade rikedomar och tog människor till fånga för att sälja som slavar. Dessa plundringståg gjorde vikingarna ökända och skapade en bild av dem som skoningslösa krigare.

Vikingatiden i Sverige var en period av stor betydelse i den svenska historien. Vikingarnas sjöfartskunnighet, handel och utforskning formade en unik vikingakultur som var präglad av äventyr och framåtanda. Samtidigt bidrog deras expansion och plundringståg till deras inflytande över världen och deras ökända rykte som vikingar. Denna fascinerande epok i Sveriges historia har lämnat ett varaktigt avtryck och är ett viktigt kapitel i den svenska nationens utveckling.

Trade was a significant source of wealth and prosperity for the Vikings, contributing to strengthening their position as a prominent power in the region.

During the Viking Age, Swedish Vikings expanded their settlements and influence to other parts of the world. They established trade stations and settlements in places like Iceland, Greenland, and North America. The Vikings' exploration and colonization of these areas showcased their bold and adventurous spirit.

One of the most well-known events during the Viking Age was the Vikings' raids in Europe. They conducted terrifying raids against coastal communities and monasteries, plundering riches and capturing people to sell as slaves. These raids made the Vikings infamous and created an image of them as ruthless warriors.

The Viking Age in Sweden was a period of great significance in Swedish history. The Vikings' maritime expertise, trade, and exploration shaped a unique Viking culture characterized by adventure and forward-thinking. At the same time, their expansion and raiding contributed to their influence across the world and their notorious reputation as Vikings. This fascinating epoch in Sweden's history has left a lasting impact and is an important chapter in the development of the Swedish nation.

Sjöfartskunnighet - Maritime expertise
Utforskning - Exploration
Skoningslösa - Ruthless
Fånga - Capture
Fjärran - Distant
Framåtanda - Forward-thinking
Pälsverk - Furs
Bärnsten - Amber

KALMARUNIONEN: SVERIGES ROLL I UNIONEN AV SKANDINAVISKA KUNGADÖMEN

Kalmarunionen var en historisk period som hade en avgörande inverkan på Sveriges historia och den skandinaviska regionen som helhet. Denna union skapades år 1397 och förenade de tre skandinaviska kungadömena Sverige, Norge och Danmark under en gemensam monark. Sveriges deltagande i Kalmarunionen spelade en viktig roll i regionens politiska och ekonomiska utveckling.

Unionen inleddes med att de tre skandinaviska kungarna, Erik av Pommern, som styrde över Danmark, Norge och Sverige, undertecknade Kalmarfördraget. Syftet med unionen var att skapa en stark allians för att försvara de skandinaviska kungadömenas intressen mot yttre hot, särskilt från Tyska orden och Hanseförbundet.

Under Kalmarunionen delade Sverige, Norge och Danmark samma monark, men de behöll sina egna separata institutioner och lagstiftning. Unionen innebar en gemensam utrikespolitik och försvarsstruktur, men de inre angelägenheterna förblev i stor utsträckning nationella ansvarsområden. Sverige hade ett relativt självständigt styre inom unionen och kunde behålla sitt eget parlament och dess deltagande i beslutsfattandet.

Trots Kalmarunionens ursprungliga syfte att stärka Skandinaviens ställning mot yttre hot mötte unionen snart interna utmaningar. Det uppstod spänningar mellan de tre kungadömena på grund av ojämlikhet i maktförhållandet och nationella intressen. Sverige, som det minsta av de tre kungadömena, var särskilt angeläget om att säkerställa sin suveränitet och likabehandling inom unionen.

THE KALMAR UNION: SWEDEN'S ROLE IN THE UNION OF SCANDINAVIAN KINGDOMS

The Kalmar Union was a historical period that had a decisive impact on Sweden's history and the Scandinavian region as a whole. This union was established in 1397, uniting the three Scandinavian kingdoms of Sweden, Norway, and Denmark under a common monarch. Sweden's participation in the Kalmar Union played a significant role in the region's political and economic development.

The union began with the three Scandinavian kings, including Eric of Pomerania, who ruled over Denmark, Norway, and Sweden, signing the Treaty of Kalmar. The purpose of the union was to create a strong alliance to defend the interests of the Scandinavian kingdoms against external threats, particularly from the Teutonic Order and the Hanseatic League.

During the Kalmar Union, Sweden, Norway, and Denmark shared the same monarch, but they retained their own separate institutions and legislation. The union entailed a common foreign policy and defense structure, but internal affairs remained largely within each nation's responsibility. Sweden had a relatively autonomous governance within the union and could retain its own parliament and its participation in decision-making.

Despite the Kalmar Union's original intention to strengthen Scandinavia's position against external threats, the union soon faced internal challenges. Tensions arose among the three kingdoms due to inequality in power balance and national interests. Sweden, being the smallest of the three kingdoms, was particularly eager to ensure its sovereignty and fair treatment within the union.

Efter flera år av politiska och ekonomiska spänningar bröt Kalmarunionen samman på 1520-talet. År 1523 valde den svenska adeln Gustav Vasa som kung och Sverige blev återigen ett självständigt kungarike. Detta markerade början på en ny era i Sveriges historia, där landet utvecklades till en stark nation och expanderade sitt territorium och inflytande.

Trots att Kalmarunionen slutade i en splittring, lämnade den ett varaktigt avtryck i Sveriges historia. Unionen bidrog till att skapa närmare kulturella och ekonomiska band mellan de skandinaviska länderna och främjade handel och utbyte av varor och idéer. Dessutom markerade Kalmarunionen en period av politisk samverkan och förbindelse mellan de nordiska länderna, vilket har haft en påverkan på regionens samarbete även i modern tid.

Sammanfattningsvis var Kalmarunionen en viktig period i Sveriges historia där landet spelade en betydande roll i unionen av de skandinaviska kungadömena. Unionen hade sina framgångar och utmaningar, men den bidrog till att forma det politiska och ekonomiska landskapet i regionen. Sveriges deltagande i Kalmarunionen var ett viktigt kapitel i landets utveckling mot en självständig nation och har haft en långvarig påverkan på relationerna mellan de nordiska länderna.

After several years of political and economic tensions, the Kalmar Union collapsed in the 1520s. In 1523, the Swedish nobility elected Gustav Vasa as king, and Sweden once again became an independent kingdom. This marked the beginning of a new era in Sweden's history, where the country developed into a strong nation and expanded its territory and influence.

Despite the Kalmar Union ending in a split, it left a lasting mark in Sweden's history. The union contributed to creating closer cultural and economic ties among the Scandinavian countries, promoting trade and the exchange of goods and ideas. Moreover, the Kalmar Union marked a period of political cooperation and connection among the Nordic countries, which has had an impact on the region's cooperation even in modern times.

In conclusion, the Kalmar Union was an important period in Sweden's history where the country played a significant role in the union of the Scandinavian kingdoms. The union had its successes and challenges, but it contributed to shaping the political and economic landscape in the region. Sweden's participation in the Kalmar Union was a crucial chapter in the country's development towards an independent nation and has had a lasting impact on the relations among the Nordic countries.

Ojämlikhet - Inequality
Angeläget - Eager
Återigen - Once again
Förbindelser - Relations
Långvarig - Lasting
Utmaningar - Challenges

GUSTAV VASA OCH DEN SVENSKA REFORMATIONEN: POLITIK OCH RELIGION PÅ 1500-TALET

Gustav Vasa, en av Sveriges mest framstående monarker, spelade en avgörande roll i den svenska reformationen under 1500-talet. Den svenska reformationen var en period av omvälvande förändringar, då landet bröt med den katolska kyrkan och övergick till protestantismen som den dominerande religionen. Gustav Vasa's styre markerade början på en ny era i Sveriges historia, där politik och religion samverkade för att forma den svenska nationen.

När Gustav Vasa besteg tronen år 1523, var Sverige fortfarande en del av det katolska kyrkans överhöghet, och den katolska tron var den dominerande religionen i landet. Men under Gustav Vasas regeringstid genomfördes en omvälvande reformationsprocess. Den svenska reformationen innebar att den katolska kyrkan avskaffades som den officiella religionen, och protestantismen, med den lutherska läran som grund, blev den nya trosläran.

En av de främsta anledningarna till den svenska reformationen var ekonomiska och politiska motiv. Vid den tiden hade den katolska kyrkan en stark ekonomisk makt i Sverige och ägde stora delar av landets mark och rikedomar. Genom att bryta med den katolska kyrkan och konfiskera dess egendomar kunde Gustav Vasa stärka kungamaktens ekonomiska ställning och konsolidera sin politiska makt.

En annan faktor som påverkade reformationen var det politiska läget i Europa. Andra länder i Europa genomförde liknande reformationer, och det fanns en ökad efterfrågan på religiös frihet och decentralisering av kyrkomakten.

GUSTAV VASA AND THE SWEDISH REFORMATION: POLITICS AND RELIGION IN THE 16TH CENTURY

Gustav Vasa, one of Sweden's most prominent monarchs, played a decisive role in the Swedish Reformation during the 16th century. The Swedish Reformation was a period of sweeping changes, as the country broke with the Catholic Church and transitioned to Protestantism as the dominant religion. Gustav Vasa's reign marked the beginning of a new era in Sweden's history, where politics and religion collaborated to shape the Swedish nation.

When Gustav Vasa ascended the throne in 1523, Sweden was still under the authority of the Catholic Church, and the Catholic faith was the predominant religion in the country. However, during Gustav Vasa's rule, a transformative process of reformation was undertaken. The Swedish Reformation involved the abolition of the Catholic Church as the official religion, and Protestantism, with the Lutheran doctrine as its foundation, became the new belief.

One of the main reasons for the Swedish Reformation was economic and political motives. At that time, the Catholic Church held significant economic power in Sweden and owned large portions of the country's land and wealth. By breaking away from the Catholic Church and confiscating its properties, Gustav Vasa could strengthen the economic position of the monarchy and consolidate his political power.

Another factor that influenced the Reformation was the political situation in Europe. Other countries in Europe were undergoing similar reformations, and there was an increased demand for religious freedom and decentralization of ecclesiastical authority.

Genom att anamma protestantismen kunde Sverige positionera sig som en självständig nation med en egen identitet, oberoende av den katolska kyrkans överhöghet.

Den svenska reformationen mötte också motstånd och konflikter. Delar av det svenska folket var motvilliga att överge den katolska tron och acceptera protestantismen. Detta ledde till religiösa strider och uppror, särskilt i Dalarna och andra delar av landet. Men med tiden lyckades Gustav Vasa och hans regering genomföra reformationen och etablera protestantismen som den nya religionen i Sverige.

Genom den svenska reformationen genomförde Gustav Vasa också en omfattande kyrklig och administrativ omstrukturering. Klostren avskaffades och deras egendomar konfiskerades av kronan. Den katolska hierarkin ersattes av en ny luthersk kyrkoordning, och kyrkans roll i samhället förändrades drastiskt. Reformationen ledde till en ökad centralisering av kyrkomakten och ett närmare samarbete mellan kyrkan och staten.

Gustav Vasas inflytande på den svenska reformationen kan inte överskattas. Genom att bryta med den katolska kyrkan och övergå till protestantismen stärkte han kungamaktens ställning och skapade en självständig svensk nation med en egen religiös identitet. Hans beslut och handlingar formade Sveriges historia och lämnade ett varaktigt avtryck i landets utveckling.

Sammanfattningsvis var Gustav Vasa och den svenska reformationen en tid av politisk och religiös omvälvning på 1500-talet. Genom att genomföra reformationen och övergå till protestantismen stärkte Gustav Vasa Sveriges politiska och ekonomiska ställning och formade den svenska nationens framtid.

By adopting Protestantism, Sweden could position itself as an independent nation with its own identity, separate from the authority of the Catholic Church.

The Swedish Reformation also faced resistance and conflicts. Some segments of the Swedish population were reluctant to abandon the Catholic faith and accept Protestantism. This led to religious struggles and uprisings, particularly in Dalarna and other parts of the country. However, over time, Gustav Vasa and his government succeeded in implementing the Reformation and establishing Protestantism as the new religion in Sweden.

Through the Swedish Reformation, Gustav Vasa also carried out extensive ecclesiastical and administrative restructuring. The monasteries were abolished, and their properties were confiscated by the crown. The Catholic hierarchy was replaced by a new Lutheran church organization, and the church's role in society underwent drastic changes. The Reformation resulted in increased centralization of ecclesiastical authority and closer collaboration between the church and the state.

Gustav Vasa's influence on the Swedish Reformation cannot be overstated. By breaking with the Catholic Church and transitioning to Protestantism, he strengthened the monarchy's position and created an independent Swedish nation with its own religious identity. His decisions and actions shaped Sweden's history and left a lasting impact on the country's development.

In conclusion, Gustav Vasa and the Swedish Reformation were a time of political and religious upheaval in the 16th century. By implementing the Reformation and transitioning to Protestantism, Gustav Vasa strengthened Sweden's political and economic position and shaped the future of the Swedish nation.

Den svenska reformationen var en viktig period i Sveriges historia, där politik och religion samverkade för att forma den nation vi känner idag.

Troslära - Doctrine of faith

Uppror - Uprising

Beslut och handlingar - Decisions and actions

TRETTIOÅRIGA KRIGET: SVERIGES MILITÄRA KAMPANJER OCH INFLYTANDE

Trettioåriga kriget var en komplex och blodig konflikt som utkämpades i Centraleuropa mellan åren 1618 och 1648. Sverige spelade en betydande roll i kriget och dess militära kampanjer och inflytande hade en stor inverkan på både den svenska historien och Europas politiska landskap.

Sveriges deltagande i Trettioåriga kriget inleddes på grund av flera faktorer, inklusive religiösa, politiska och ekonomiska motiv. År 1630 inträdde Sverige aktivt i kriget, ledd av den store svenska kungen Gustav II Adolf. Sverige valde att stödja den protestantiska sidan, som kämpade mot den katolska ligan, och Gustav II Adolf hoppades också utöka Sveriges inflytande och territorium genom att delta i kriget.

Sveriges militära kampanjer under Trettioåriga kriget var framgångsrika och Gustav II Adolf visade sig vara en skicklig militär ledare. Sverige erövrade flera strategiska platser i norra Tyskland, vilket ökade landets makt och resurser. Under den svenska kungen stärktes den svenska armén genom införandet av nya taktiker och krigsföring, vilket gjorde den till en formidabel motståndare.

En av de mest betydelsefulla händelserna under Sveriges deltagande i Trettioåriga kriget var slaget vid Breitenfeld år 1631.

The Swedish Reformation was a significant period in Sweden's history, where politics and religion collaborated to shape the nation we know today.

Kloster - Monastery   Avgörande - Decisive
Omvälvning - Upheaval
Omstrukturering - Restructuring

THE THIRTY YEARS' WAR: SWEDEN'S MILITARY CAMPAIGNS AND INFLUENCE

The Thirty Years' War was a complex and bloody conflict fought in Central Europe between 1618 and 1648. Sweden played a significant role in the war, and its military campaigns and influence had a major impact on both Swedish history and Europe's political landscape.

Sweden's involvement in the Thirty Years' War began due to several factors, including religious, political, and economic motives. In 1630, Sweden actively entered the war, led by the great Swedish king, Gustavus Adolphus. Sweden chose to support the Protestant side, fighting against the Catholic League, and Gustavus Adolphus also aimed to expand Sweden's influence and territory by participating in the war.

Sweden's military campaigns during the Thirty Years' War were successful, and Gustavus Adolphus proved to be a skilled military leader. Sweden captured several strategic locations in northern Germany, increasing the country's power and resources. Under the Swedish king's leadership, the Swedish army was strengthened through the introduction of new tactics and warfare, making it a formidable opponent.

One of the most significant events during Sweden's participation in the Thirty Years' War was the Battle of Breitenfeld in 1631.

I detta historiska slag besegrade den svenska armén den katolska ligans styrkor, och segern befäste Sveriges position som en stark militär makt i Europa. Slaget vid Lützen 1632 var också en viktig händelse, men det var där som Gustav II Adolf dog, vilket var ett stort slag för Sverige.

Efter Gustav II Adolfs död fortsatte Sverige sina militära kampanjer under kung Kristina, som efterträdde sin far på tronen. Även om kriget var kostsamt för Sverige i termer av människoliv och resurser, fortsatte landet att spela en viktig roll i konflikten och utöka sitt territorium i norra Tyskland och Östersjöregionen.

Trettioåriga kriget avslutades med Westfaliska fredsfördragen år 1648, där Sverige var en av de ledande parterna. Fredsfördraget bekräftade Sveriges inflytande och territoriella vinster och erkände också Sverige som en av de främsta makterna i Europa. Kriget hade en förödande inverkan på Europa som helhet, men Sveriges deltagande resulterade i att landet blev en betydande politisk och militär kraft i regionen.

Sveriges militära kampanjer och inflytande under Trettioåriga kriget hade en långvarig påverkan på den svenska historien. Landets framgångar i kriget stärkte dess självförtroende och position i Europa. Dessutom hade Sverige utvecklat en stark och modern militär under kriget, som skulle spela en viktig roll i kommande konflikter och krig.

Sammanfattningsvis var Sveriges deltagande i Trettioåriga kriget en betydande period i landets historia. Dess militära kampanjer och inflytande i kriget hade en stor inverkan på den svenska nationen och etablerade Sverige som en viktig politisk och militär makt i Europa. Trettioåriga kriget var en komplex och betydelsefull konflikt som formade Europas framtid och Sveriges roll i den politiska arenan.

Termer - Motives	Befästa - Consolidate
Överhöghet - Authority	Efterträdde - Succeeded

In this historic battle, the Swedish army defeated the forces of the Catholic League, solidifying Sweden's position as a strong military power in Europe. The Battle of Lützen in 1632 was also a significant event, although it was there that Gustavus Adolphus died, which was a major blow to Sweden.

After Gustavus Adolphus's death, Sweden continued its military campaigns under King Christina, who succeeded her father to the throne. Although the war was costly for Sweden in terms of lives and resources, the country continued to play a vital role in the conflict and expand its territory in northern Germany and the Baltic region.
The Thirty Years' War concluded with the Peace of Westphalia in 1648, where Sweden was one of the leading parties. The peace treaty confirmed Sweden's influence and territorial gains, also recognizing Sweden as one of the major powers in Europe. The war had a devastating impact on Europe as a whole, but Sweden's participation resulted in the country becoming a significant political and military force in the region.
Sweden's military campaigns and influence during the Thirty Years' War had a lasting impact on Swedish history. The country's successes in the war bolstered its confidence and position in Europe. Additionally, Sweden had developed a strong and modern military during the war, which would play a crucial role in future conflicts and wars.
In conclusion, Sweden's participation in the Thirty Years' War was a significant period in the country's history. Its military campaigns and influence in the war had a major impact on the Swedish nation, establishing Sweden as an important political and military power in Europe. The Thirty Years' War was a complex and significant conflict that shaped Europe's future and Sweden's role in the political arena.
Vinster - Gains   Sammanfattningsvis - In conclusion
Förtroende - Confidence

DROTTNING KRISTINA AV SVERIGE: KÖNSROLLER OCH MAKT PÅ 1600-TALET

Drottning Kristina av Sverige, som regerade mellan åren 1632 och 1654, var en enastående och kontroversiell monark som bröt mot den traditionella synen på kön och makt under 1600-talet. Hon var den enda kvinnliga monarken i Sverige som självständigt styrde landet och utmanade rådande normer kring kvinnligt ledarskap.

Kristinas regeringstid präglades av hennes intellektuella intressen och kulturella ambitioner. Hon var en framstående mecenat och ägde en imponerande konstsamling. Kristina var en stor beundrare av den intellektuella rörelsen och ägnade sig åt filosofi och teologi. Hennes kulturella intressen och politiska ställning gjorde Sverige till en viktig kulturell och politisk mötesplats i Europa.

Kristinas styrka och självständighet som kvinnlig monark provocerade och utmanade tidens förväntningar om kvinnor och deras plats i samhället. Under 1600-talet var kvinnor i allmänhet inte förväntade att utöva politisk makt och styra ett land. Kvinnors huvudsakliga roller ansågs vara inom familjen och det privata sfären.

Som drottning mötte Kristina motstånd från både adeln och kyrkan, som ofta ifrågasatte hennes förmåga att styra landet på ett effektivt sätt på grund av hennes kön. Trots detta lyckades Kristina navigera genom politiska intriger och utmaningar och bibehålla sin makt under större delen av sin regeringstid.

Kristina var också känd för sina beslut kring religion.

QUEEN CHRISTINA OF SWEDEN: GENDER AND POWER IN THE 17TH CENTURY

Queen Christina of Sweden, who reigned between 1632 and 1654, was an extraordinary and controversial monarch who challenged the traditional views on gender and power in the 17th century. She was the only female monarch in Sweden to independently rule the country and defy the prevailing norms surrounding female leadership.

Christina's reign was characterized by her intellectual interests and cultural ambitions. She was a prominent patron of the arts and possessed an impressive art collection. Christina admired the intellectual movement and engaged in philosophy and theology. Her cultural interests and political standing made Sweden a significant cultural and political hub in Europe.

Christina's strength and independence as a female monarch provoked and challenged the expectations of women and their place in society at that time. In the 17th century, women were generally not expected to exercise political power and govern a country. Women's primary roles were considered to be within the family and the private sphere.

As a queen, Christina faced resistance from both the nobility and the church, who often questioned her ability to govern the country effectively due to her gender. Despite this, she managed to navigate through political intrigues and challenges and maintain her power for most of her reign.

Christina was also known for her decisions regarding religion.

Hon konverterade till katolicismen, vilket ledde till kontroverser och politiska spänningar i Sverige. Som en protestantisk monark var hennes religionsval ovanligt och ställde henne mot de protestantiska krafterna i landet.

År 1654 abdikerade Kristina oväntat och lämnade Sverige för att konvertera till katolicismen på heltid och bosätta sig i Rom. Hennes beslut att lämna tronen och Sverige har debatterats och diskuterats genom historien. Vissa har tolkat det som ett uttryck för hennes vilja att leva ett mer fritt och självständigt liv, medan andra har sett det som ett tecken på hennes besvikelse över den politiska maktens bördighet.

Drottning Kristina av Sverige var en enastående och komplex monark som bröt mot normer och förväntningar kring kön och makt på 1600-talet. Hennes självständighet och styrka som kvinnlig monark utmanade den rådande patriarkala ordningen och gjorde henne till en unik och minnesvärd regent i Sveriges historia.

Sammanfattningsvis var Drottning Kristina en banbrytande monark som bröt mot tidens förväntningar kring kvinnligt ledarskap och makt. Hennes intellektuella intressen och kulturella ambitioner gjorde Sverige till en framstående kulturell och politisk kraft i Europa. Trots motstånd och kontroverser bibehöll Kristina sin makt och visade att kvinnor också kunde vara framstående och skickliga ledare.

She converted to Catholicism, which led to controversies and political tensions in Sweden. As a Protestant monarch, her choice of religion was unusual and put her at odds with the Protestant forces in the country.

In 1654, Christina abdicated unexpectedly and left Sweden to fully convert to Catholicism and settle in Rome. Her decision to relinquish the throne and leave Sweden has been debated and discussed throughout history. Some interpreted it as an expression of her desire to live a more free and independent life, while others saw it as a sign of her disappointment with the burdens of political power.

Queen Christina of Sweden was an exceptional and complex monarch who challenged norms and expectations regarding gender and power in the 17th century. Her independence and strength as a female monarch defied the prevailing patriarchal order and made her a unique and memorable ruler in Sweden's history.

In conclusion, Queen Christina was a groundbreaking monarch who defied the expectations surrounding female leadership and power in her time. Her intellectual interests and cultural ambitions made Sweden a prominent cultural and political force in Europe. Despite resistance and controversies, Christina retained her power and demonstrated that women could also be prominent and skilled leaders.

Regeringstid - Reign
Mecenat - Patronage
Bryta mot - Defy
Banbrytande - Groundbreaking
Uppfattningar - Views
Minnesvärd - Memorable
Rådande normer - Prevailing norms
Enastående - Extraordinary

STORA NORDISKA KRIGET: SVERIGES UPPGÅNG OCH FALL SOM EUROPEISK STORMAKT

Det Stora nordiska kriget, som utkämpades mellan åren 1700 och 1721, var en av de mest betydelsefulla och omvälvande perioderna i Sveriges historia. Kriget utbröt som ett resultat av geopolitiska intressen och rivaliteter i norra Europa och hade en avgörande inverkan på Sveriges position som en europeisk stormakt.

Vid början av det Stora nordiska kriget var Sverige en mäktig och respekterad nation på den internationella scenen. Landet hade under tidigare århundraden expanderat sina territorier och etablerat sig som en betydande militär och ekonomisk kraft. Sveriges ledande roll berodde till stor del på dess framstående armé och flotta, samt dess strategiska läge kring Östersjön.

Kriget bröt ut när den svenska kungen Karl XII invaderade Ryssland år 1700. Karl XII hoppades på en snabb seger, men mötte en envis motståndare i den ryske tsaren Peter den store. Kriget blev långvarigt och utdragen, och Sverige ställdes inför svårigheter och utmaningar som landet inte tidigare hade mött.

Under krigets gång förlorade Sverige flera betydande territorier, inklusive Estland, Livland och delar av Finland, till Ryssland. Landets ekonomi och infrastruktur drabbades också hårt av kriget, vilket ledde till allvarliga inre konflikter och missnöje bland befolkningen.

Karl XII:s död år 1718 innebar slutet för Sveriges försök att återställa sin status som europeisk stormakt.

THE GREAT NORTHERN WAR: SWEDEN'S RISE AND FALL AS A EUROPEAN POWER

The Great Northern War, fought between 1700 and 1721, was one of the most significant and tumultuous periods in Sweden's history. The war erupted as a result of geopolitical interests and rivalries in northern Europe and had a decisive impact on Sweden's position as a European power.

At the beginning of the Great Northern War, Sweden was a powerful and respected nation on the international stage. The country had expanded its territories in previous centuries and established itself as a significant military and economic force. Sweden's leading role was largely due to its outstanding army and navy, as well as its strategic location around the Baltic Sea.

The war broke out when the Swedish king, Charles XII, invaded Russia in 1700. Charles XII hoped for a quick victory but encountered a determined opponent in the Russian Tsar Peter the Great. The war became protracted and Sweden faced difficulties and challenges it had not previously encountered.

During the course of the war, Sweden lost several significant territories, including Estonia, Livonia, and parts of Finland, to Russia. The country's economy and infrastructure were also severely affected by the war, leading to serious internal conflicts and discontent among the population.

Charles XII's death in 1718 marked the end of Sweden's attempt to restore its status as a European power.

Efter hans bortgång svagades Sverige ytterligare och förlorade sin tidigare dominans i regionen. Stora nordiska kriget avslutades med Freden i Nystad år 1721, där Sverige tvingades avstå betydande territorier till Ryssland och därmed förlorade sin position som en ledande maktfaktor i norra Europa.

Det Stora nordiska kriget hade en långvarig påverkan på Sveriges historia. Landet gick från att vara en framstående stormakt till att bli en mindre aktör på den europeiska arenan. Kriget hade också en förödande inverkan på den svenska ekonomin och ledde till en omfattande politisk och social omstrukturering i landet.

Trots nederlaget i det Stora nordiska kriget återhämtade sig Sverige gradvis och fortsatte att vara en självständig nation. Landet genomgick senare en period av politisk stabilitet och ekonomisk tillväxt under 1700-talet. Dock hade kriget satt sina spår och Sverige var inte längre den stormakt som det en gång varit.

Sammanfattningsvis var det Stora nordiska kriget en avgörande period i Sveriges historia där landet steg till sin höjdpunkt som en europeisk stormakt, men sedan föll till sin nedgång. Kriget hade en långvarig påverkan på Sverige och dess position i norra Europa. Det markerade också slutet på Sveriges tid som en dominerande militär och ekonomisk kraft på den internationella scenen.

After his passing, Sweden further weakened and lost its previous dominance in the region. The Great Northern War concluded with the Treaty of Nystad in 1721, where Sweden was compelled to cede significant territories to Russia, thus losing its position as a leading power in northern Europe.

The Great Northern War had a lasting impact on Sweden's history. The country went from being a prominent European power to becoming a lesser player on the European stage. The war also had a devastating effect on Sweden's economy and led to extensive political and social restructuring in the country.

Despite the defeat in the Great Northern War, Sweden gradually recovered and continued to be an independent nation. The country later experienced a period of political stability and economic growth during the 18th century. However, the war had left its mark, and Sweden was no longer the dominant military and economic force it once was.

In conclusion, the Great Northern War was a crucial period in Sweden's history where the country rose to its pinnacle as a European power but then fell into decline. The war had a lasting impact on Sweden and its position in northern Europe. It also marked the end of Sweden's era as a dominant military and economic force on the international stage.

Omvälvande - Tumultuous
Tvingades avstå - Compelled to cede
Tillväxt - Growth
Beundrare - Admirer
Nederlag - Defeat

UPPLYSNINGEN I SVERIGE: INTELLEKTUELLA OCH KULTURELLA FÖRÄNDRINGAR PÅ 1700-TALET

Upplysningstiden, även känd som "Upplysningen", var en intellektuell och kulturell rörelse som spreds sig över Europa under 1700-talet. I Sverige var Upplysningen en betydande period som markerade övergången från medeltida värderingar till en mer rationell och vetenskaplig syn på samhället.

Under Upplysningen uppmuntrades spridningen av kunskap, utbildning och vetenskapliga framsteg. Bland de intellektuella och kulturella förändringarna i Sverige under denna tid fanns ökad betoning på bildning och utbildning för alla, oavsett social bakgrund. Upplysningsfilosofer som Voltaire, Rousseau och Locke influerade svenska tänkare, och idéer om mänskliga rättigheter, yttrandefrihet och demokrati började ta fäste i landet.

Upplysningstiden i Sverige präglades av betydande framsteg inom vetenskap och teknik. Vetenskapliga undersökningar och upptäckter uppmuntrades, och det vetenskapliga tänkandet blev alltmer inflytelserikt i samhället. Vetenskapliga akademier grundades i Sverige för att främja forskning och utbildning inom olika vetenskapsområden.

Upplysningen innebar också en förändring i synen på religion. Tidigare var den protestantiska tron den dominerande religionen i Sverige, men under Upplysningen började en mer sekulär och kritisk inställning till religionen växa fram. Människor ifrågasatte kyrkans auktoritet och dogmatiska läror, och nya tankar om religionsfrihet och tolerans började ta form.

ENLIGHTENMENT IN SWEDEN: INTELLECTUAL AND CULTURAL CHANGES IN THE 18TH CENTURY

The Enlightenment, also known as the Age of Enlightenment, was an intellectual and cultural movement that spread across Europe during the 18th century. In Sweden, the Enlightenment was a significant period that marked the transition from medieval values to a more rational and scientific view of society.

During the Enlightenment, the dissemination of knowledge, education, and scientific progress was encouraged. Among the intellectual and cultural changes in Sweden during this time was an increased emphasis on education and learning for all, regardless of social background. Enlightenment philosophers such as Voltaire, Rousseau, and Locke influenced Swedish thinkers, and ideas of human rights, freedom of speech, and democracy began to take root in the country.

The Enlightenment in Sweden was characterized by significant advancements in science and technology. Scientific investigations and discoveries were encouraged, and scientific thinking became increasingly influential in society. Scientific academies were established in Sweden to promote research and education in various scientific fields.

The Enlightenment also brought about a change in the perception of religion. Previously, Protestantism was the dominant religion in Sweden, but during the Enlightenment, a more secular and critical attitude towards religion emerged. People questioned the authority of the church and its dogmatic teachings, and new ideas of religious freedom and tolerance began to take shape.

Upplysningstiden i Sverige påverkade också den litterära världen. Det uppstod en blomstrande litterär kultur där nya idéer och tankar fick utrymme. Författare som Carl von Linné, Emanuel Swedenborg och Hedvig Charlotta Nordenflycht var några av de framstående författarna som verkade under denna tid.

Upplysningstiden bidrog också till att forma Sveriges politiska landskap. Den absoluta monarkin, där kungen hade oinskränkt makt, utmanades av nya idéer om folkstyre och maktdelning. Även om Sverige inte genomförde några stora politiska omvälvningar under Upplysningen, la perioden grunden för senare politiska reformer och den svenska konstitutionen som antogs senare på 1800-talet.

Trots Upplysningens framsteg och framsteg mötte den också motstånd från mer konservativa krafter i samhället. Vissa grupper ogillade de nya idéerna om jämlikhet och demokrati och försökte motverka Upplysningens inflytande.

Sammanfattningsvis var Upplysningen en betydelsefull period i Sveriges historia, då landet genomgick intellektuella och kulturella förändringar som formade samhället och dess syn på världen. Perioden markerade övergången till en mer rationell och vetenskaplig syn på samhället och la grunden för framtida framsteg inom vetenskap, kultur och politik i Sverige.

The Enlightenment in Sweden also influenced the literary world. A flourishing literary culture emerged, where new ideas and thoughts found expression. Writers such as Carl Linnaeus, Emanuel Swedenborg, and Hedvig Charlotta Nordenflycht were some of the prominent authors who flourished during this time.

The Enlightenment also contributed to shaping Sweden's political landscape. The absolute monarchy, where the king had unrestricted power, was challenged by new ideas of popular rule and power-sharing. Although Sweden did not undergo any major political upheavals during the Enlightenment, the period laid the groundwork for later political reforms and the Swedish constitution adopted later in the 19th century.

Despite the progress and advancements of the Enlightenment, it also faced resistance from more conservative forces in society. Some groups disapproved of the new ideas of equality and democracy and sought to counter the influence of the Enlightenment.

In conclusion, the Enlightenment was a significant period in Sweden's history, during which the country underwent intellectual and cultural changes that shaped society and its worldview. The period marked the transition to a more rational and scientific view of society and laid the foundation for future progress in science, culture, and politics in Sweden.

Upplysningstiden - The Enlightenment
Yttrandefrihet - Freedom of speech
Folkstyre - Popular rule
Omvälvningar - Upheavals
Främja - Promote
Världsbild - Worldview

INDUSTRIALISERINGEN I SVERIGE: EKONOMISK OMVANDLING OCH SOCIALA PÅVERKNINGAR

Industrialiseringen i Sverige var en omvälvande period som inträffade under 1800-talet och in på 1900-talet. Detta var en tid av stor ekonomisk förändring då landet övergick från att vara i huvudsak agrart till att bli ett industrialiserat samhälle.

Industrins framväxt i Sverige påverkades av flera faktorer. Till att börja med var landets rika naturresurser, som skog och järnmalm, avgörande för att driva den snabba industrialiseringen. Teknologiska framsteg, som ångmaskinen och andra mekaniska innovationer, underlättade också övergången från manuell till maskinell produktion.

Under industrialiseringen skedde en omvandling av arbetskraften från jordbruk till fabriker och industrier. Människor flyttade från landsbygden till städerna i jakt på arbete i de växande industrisektorerna. Detta ledde till urbanisering och skapade helt nya sociala strukturer i samhället.

Industrins tillväxt stimulerade även ekonomisk utveckling och ökad produktion. Nya varor och produkter började tillverkas i stor skala och exporterades till andra delar av världen. Sverige blev känt för sin stålproduktion, trävaror och textilindustri.

Samtidigt med de ekonomiska framstegen medförde industrialiseringen också utmaningar och sociala påverkningar.

INDUSTRIALIZATION IN SWEDEN: ECONOMIC TRANSFORMATION AND SOCIAL IMPACTS

Industrialization in Sweden was a transformative period that occurred during the 19th and early 20th centuries. It was a time of significant economic change as the country shifted from primarily agrarian to becoming an industrialized society.

Several factors contributed to the growth of industry in Sweden. Firstly, the country's rich natural resources, such as forests and iron ore, were crucial in driving the rapid industrialization. Technological advancements, such as the steam engine and other mechanical innovations, also facilitated the transition from manual to mechanized production.

During industrialization, there was a transformation of the workforce from agriculture to factories and industries. People migrated from rural areas to cities in search of employment in the growing industrial sectors. This led to urbanization and created entirely new social structures in society.

The growth of industries also stimulated economic development and increased production. New goods and products were manufactured on a large scale and exported to other parts of the world. Sweden became known for its steel production, timber products, and textile industry.

However, alongside the economic progress, industrialization also brought challenges and social impacts.

Arbetsvillkoren i fabrikerna var ofta hårda, med långa arbetsdagar och låga löner. Arbetsplatserna var farliga, och arbetarna hade begränsade rättigheter och skydd.

Industrialiseringen ledde också till urban fattigdom, då många arbetslösa och dåligt betalda arbetare inte hade tillräckliga resurser för att klara sig i stadsmiljön. Detta skapade en klyfta mellan den växande arbetarklassen och den växande borgerliga klassen.

Trots de utmaningar och sociala problem som följde med industrialiseringen, var den också en tid av framsteg och förändring. Industrialiseringen ökade produktionen och tillväxten i ekonomin, vilket skapade förutsättningar för Sveriges fortsatta utveckling som ett industrialiserat samhälle.

Med tiden började dock samhället att reagera på de sociala problemen som industrialiseringen hade medfört. Arbetarrörelsen och fackföreningar växte fram och kämpade för bättre arbetsvillkor och rättigheter för arbetarna. Lagstiftning och reformer infördes för att reglera arbetsvillkoren och skydda arbetarnas rättigheter.

Industrialiseringen i Sverige var en komplex och omvälvande period som formade landets ekonomi och samhälle. Den snabba övergången till ett industrialiserat samhälle skapade både ekonomiska framsteg och sociala utmaningar. Trots de svårigheter som följde med, banade industrialiseringen vägen för Sveriges ekonomiska utveckling och modernisering.

Working conditions in factories were often harsh, with long working hours and low wages. The workplaces were dangerous, and workers had limited rights and protections.

Industrialization also led to urban poverty, as many unemployed and poorly paid workers did not have sufficient resources to cope in the city environment. This created a gap between the growing working class and the expanding bourgeoisie.

Despite the challenges and social problems that came with industrialization, it was also a time of progress and change. Industrialization increased production and economic growth, laying the foundation for Sweden's continued development as an industrialized society.

Over time, society began to respond to the social issues brought about by industrialization. Labor movements and trade unions emerged, fighting for better working conditions and rights for workers. Legislation and reforms were introduced to regulate working conditions and protect workers' rights.

Industrialization in Sweden was a complex and transformative period that shaped the country's economy and society. The rapid transition to an industrialized society brought both economic progress and social challenges. Despite the difficulties that followed, industrialization paved the way for Sweden's economic development and modernization.

Agrart - Agrarian
Arbetsvillkor - Working conditions
Klyfta - Gap
Borgerliga - Bourgeoisie
Fackföreningar - Trade unions

SVERIGE OCH ANDRA VÄRLDSKRIGET: NEUTRALITET, DIPLOMATI OCH RÄDDNINGEN AV JUDAR

Andra världskriget, som rasade mellan 1939 och 1945, var en av de mest förödande konflikterna i mänsklighetens historia. Trots att Sverige inte var direkt involverat i kriget, påverkades landet betydligt av de omvälvande händelserna i omvärlden.

Sverige intog en neutral ställning under Andra världskriget och valde att inte gå med i någon av krigförande sidor. Neutralitetspolitiken, som Sverige följde, hade en djup förankring i landets historia och tradition av att undvika krig och konflikter. Beslutet om neutralitet var dock komplicerat, eftersom landet var omgivet av krigförande länder, och den geopolitiska situationen var ansträngd.

Den svenska neutraliteten innebar att landet upprätthöll diplomatiska relationer med både de allierade och axelmakterna. Genom dessa diplomatiska kontakter försökte Sverige hålla sig informerat om krigsutvecklingen och skydda sina intressen. Trots sina ansträngningar att förbli neutral var Sverige inte helt fri från påverkan av kriget.

Under kriget hade Sverige handelsförbindelser med både axelmakterna och de allierade. Export av järnmalmen, skogsprodukter och andra varor var viktigt för landets ekonomi. Neutraliteten skapade dock en balansgång mellan att skydda den ekonomiska stabiliteten och undvika att bli indragen i konflikten.

En annan viktig aspekt av Sveriges roll under Andra världskriget var räddningen av judar från nazistiska förföljelser.

SWEDEN AND WORLD WAR II: NEUTRALITY, DIPLOMACY, AND THE RESCUE OF JEWS

World War II, which raged between 1939 and 1945, was one of the most devastating conflicts in human history. Although Sweden was not directly involved in the war, the country was significantly affected by the tumultuous events in the outside world.

Sweden adopted a neutral stance during World War II and chose not to join any of the warring factions. The policy of neutrality that Sweden followed had deep roots in the country's history and tradition of avoiding war and conflicts. However, the decision of neutrality was complex as the country was surrounded by warring nations, and the geopolitical situation was strained.

Swedish neutrality meant that the country maintained diplomatic relations with both the Allies and the Axis powers. Through these diplomatic contacts, Sweden sought to stay informed about the developments of the war and protect its interests. Despite its efforts to remain neutral, Sweden was not entirely free from the impact of the war.

During the war, Sweden had trade relations with both the Axis and the Allies. The export of iron ore, timber products, and other goods was essential for the country's economy. However, neutrality created a delicate balance between safeguarding economic stability and avoiding entanglement in the conflict.

Another significant aspect of Sweden's role during World War II was the rescue of Jews from Nazi persecution.

Sverige tog emot över 7 000 danska judar, som flydde över sundet till Sverige i en uppmärksammad räddningsoperation. Dessutom hjälpte svenska diplomater och tjänstemän att skydda judar i Ungern genom att utfärda skyddspass och ge dem möjlighet att fly till Sverige.

Trots sina ansträngningar att vara neutral mötte Sverige kritik för att inte ha gjort tillräckligt för att hjälpa flyktingar och krigsoffer under kriget. Kritiken mot Sverige har fortsatt efter kriget och har varit en del av den efterkrigstida debatten om Sveriges roll under Andra världskriget.

Efter kriget har Sveriges neutralitet under Andra världskriget varit ett omdiskuterat ämne. Vissa menar att Sveriges neutralitet var nödvändig för att bevara landets självständighet och skydda sina medborgare. Andra har kritiserat landets neutralitet och menar att Sverige borde ha gjort mer för att hjälpa de som drabbades av kriget och nazistiska förföljelser.

Sammanfattningsvis var Sveriges roll under Andra världskriget präglad av neutralitet och diplomatiska ansträngningar. Landet lyckades undvika kriget och skydda sina intressen, samtidigt som det spelade en viktig roll i räddningen av judar från förföljelse. Sveriges agerande under kriget har varit föremål för debatt och diskussion, och frågan om Sveriges neutralitet fortsätter att vara en del av landets historia och minne om Andra världskriget.

Sweden received over 7,000 Danish Jews who fled across the strait to Sweden in a well-known rescue operation. Additionally, Swedish diplomats and officials assisted in protecting Jews in Hungary by issuing protective passports and enabling them to escape to Sweden.

Despite its efforts to remain neutral, Sweden faced criticism for not doing enough to help refugees and war victims during the war. The criticism of Sweden has continued after the war and has been part of the post-war debate about Sweden's role during World War II.

After the war, Sweden's neutrality during World War II has been a subject of debate. Some argue that Sweden's neutrality was necessary to preserve the country's independence and protect its citizens. Others have criticized Sweden's neutrality and believe that the country should have done more to help those affected by the war and Nazi persecution.

In conclusion, Sweden's role during World War II was characterized by neutrality and diplomatic efforts. The country managed to avoid the war and protect its interests while playing a significant role in the rescue of Jews from persecution. Sweden's actions during the war have been a matter of debate and discussion, and the question of Sweden's neutrality continues to be part of the country's history and memory of World War II.

Förödande - Devastating
Sundet - The strait (the Øresund strait between Sweden and Denmark)
Förföljelser - Persecution
Inblandning - Entanglement
Skydda - Safeguard
Utanförskap - Marginalization
Upprätthålla - Maintain

DEN SVENSKA VÄLFÄRDSSTATEN: SOCIALPOLITIK OCH DEN SVENSKA MODELLEN

Den svenska välfärdsstaten är ett framträdande drag i Sveriges samhällssystem och har format landets utveckling och välfärd. Den svenska modellen, som kombinerar marknadsekonomi med omfattande offentliga tjänster och sociala trygghetssystem, har spelat en central roll i att skapa ett samhälle med relativt hög levnadsstandard och välbefinnande för medborgarna.

En av de grundläggande principerna i den svenska välfärdsstaten är att alla medborgare ska ha tillgång till lika möjligheter och rättigheter. Detta innebär att oavsett bakgrund, ekonomisk ställning eller ursprung har alla svenskar rätt till exempelvis utbildning, sjukvård och socialt skydd.

Den svenska välfärdsstaten finansieras genom höga skatter och sociala avgifter. Denna finansieringsmodell möjliggör att omfattande offentliga tjänster och trygghetssystem kan erbjudas till medborgarna. Utbildning, hälsovård, barnomsorg, äldreomsorg och arbetslöshetsförsäkringar är några av de områden som omfattas av den svenska välfärdsstaten.

Ett av huvudmålen med den svenska välfärdsstaten är att minska ekonomiska klyftor och skapa ett jämlikt samhälle. Genom omfördelning av resurser bidrar den svenska modellen till att minska skillnaderna mellan rika och fattiga och skapa en socialt inkluderande samhällsstruktur.

Välfärdsstaten har också en stark betoning på arbetslivet och arbetsrättigheter. Kollektivavtal och fackliga rättigheter är viktiga delar av den svenska arbetsmarknadsmodellen.

THE SWEDISH WELFARE STATE: SOCIAL POLICIES AND THE SWEDISH MODEL

The Swedish welfare state is a prominent feature of Sweden's societal system and has shaped the country's development and well-being. The Swedish model, which combines a market economy with extensive public services and social security systems, has played a central role in creating a society with a relatively high standard of living and welfare for its citizens.

One of the fundamental principles of the Swedish welfare state is that all citizens should have access to equal opportunities and rights. This means that regardless of background, economic status, or origin, all Swedes have the right to education, healthcare, and social protection, for example.

The Swedish welfare state is financed through high taxes and social contributions. This financing model enables the provision of comprehensive public services and security systems to citizens. Education, healthcare, childcare, elderly care, and unemployment insurance are some of the areas covered by the Swedish welfare state.

One of the main goals of the Swedish welfare state is to reduce economic disparities and create an egalitarian society. Through resource redistribution, the Swedish model contributes to narrowing the gap between the rich and the poor, creating a socially inclusive societal structure.

The welfare state also places a strong emphasis on the labor market and workers' rights. Collective agreements and labor rights are important parts of the Swedish labor market model.

Detta har bidragit till relativt låga nivåer av arbetslöshet och ett väl fungerande arbetsliv.

Trots de positiva aspekterna av den svenska välfärdsstaten har den också mött utmaningar. Den åldrande befolkningen och ökande kostnader för hälsovård och äldreomsorg har ställt krav på förändringar och reformer inom välfärdssystemet.

Under senare år har också debatten om den svenska modellens hållbarhet och konkurrenskraft intensifierats. Frågor om skatternas nivåer och finansiering av välfärden har varit föremål för politisk debatt.

Trots dessa utmaningar fortsätter den svenska välfärdsstaten att vara en central del av det svenska samhället och en viktig del av den svenska identiteten. Den svenska modellen har blivit internationellt erkänd och har inspirerat andra länder att söka efter vägar att skapa ett mer jämlikt och inkluderande samhälle.

I slutändan är den svenska välfärdsstaten en manifestation av det svenska samhällets värderingar och strävan efter social rättvisa och välbefinnande för alla medborgare. Genom att kombinera ekonomisk effektivitet med social trygghet har den svenska modellen skapat en stabil och hållbar välfärd för medborgarna.

This has contributed to relatively low levels of unemployment and a well-functioning labor market.

Despite the positive aspects of the Swedish welfare state, it has also faced challenges. The aging population and increasing costs of healthcare and elderly care have demanded changes and reforms within the welfare system.

In recent years, the debate about the sustainability and competitiveness of the Swedish model has intensified. Questions about the levels of taxation and financing of welfare have been subjects of political debate.

Despite these challenges, the Swedish welfare state continues to be a central part of Swedish society and an important aspect of the Swedish identity. The Swedish model has been internationally recognized and has inspired other countries to seek ways to create a more equitable and inclusive society.

Ultimately, the Swedish welfare state is a manifestation of Swedish society's values and pursuit of social justice and welfare for all citizens. By combining economic efficiency with social security, the Swedish model has created a stable and sustainable welfare for its citizens.

Hållbarhet - Sustainability
Välfärdsstaten - Welfare state
Sociala avgifter - Social contributions
Arbetslöshetsförsäkringar - Unemployment insurance
Internationellt erkänd - Internationally recognized
Hälsovård - Healthcare
Äldreomsorg - Elderly care

STOCKHOLM: NORDENS VENEDIG OCH SVERIGES HUVUDSTAD

Stockholm, Sveriges huvudstad och Nordens Venedig, är en av Europas vackraste och mest spännande städer. Belägen på 14 öar vid Mälarens mynning i Östersjön, har Stockholm en unik skönhet och charm som få andra städer kan matcha.

Staden har en lång och färgstark historia som sträcker sig tillbaka till 1200-talet då den grundades av Birger Jarl. Sedan dess har Stockholm varit en central plats för politik, handel och kultur i Sverige. Idag är staden inte bara Sveriges politiska centrum utan också en viktig internationell stad med ett blomstrande näringsliv och en livlig kulturscen.

Gamla stan, Stockholms äldsta stadsdel, är en av stadens mest populära sevärdheter. Med sina smala kullerstensgator, färgglada byggnader och medeltida arkitektur är det som att kliva tillbaka i tiden. Här hittar man också Kungliga slottet, som är en av Europas största kungliga palats och en av Stockholms mest ikoniska byggnader.

Ett annat populärt område är Djurgården, en vacker grönskande ö mitt i Stockholm. Här finns många av stadens mest berömda museer och attraktioner, inklusive Vasamuseet, ABBA The Museum och Skansen, världens äldsta friluftsmuseum. Djurgården är också ett populärt rekreationsområde för både stockholmare och besökare, med stora grönområden och fina promenadvägar.

STOCKHOLM: THE VENICE OF THE NORTH AND THE CAPITAL OF SWEDEN

Stockholm, the capital of Sweden and the Venice of the North, is one of Europe's most beautiful and exciting cities. Located on 14 islands at the mouth of Lake Mälaren in the Baltic Sea, Stockholm has a unique beauty and charm that few other cities can match.

The city has a long and colorful history dating back to the 13th century when it was founded by Birger Jarl. Since then, Stockholm has been a central hub for politics, trade, and culture in Sweden. Today, it is not only Sweden's political center but also an important international city with a thriving business community and a vibrant cultural scene.

Gamla Stan, Stockholm's oldest district, is one of the city's most popular attractions. With its narrow cobblestone streets, colorful buildings, and medieval architecture, it feels like stepping back in time. Here, you can also find the Royal Palace, one of Europe's largest royal palaces and one of Stockholm's most iconic buildings.

Another popular area is Djurgården, a beautiful green island in the heart of Stockholm. Here, you'll find many of the city's most famous museums and attractions, including the Vasa Museum, ABBA The Museum, and Skansen, the world's oldest open-air museum. Djurgården is also a popular recreational area for both locals and visitors, with large green spaces and scenic walking paths.

Stockholms skärgård, med sina över 30 000 öar, är en annan av stadens stora attraktioner. Skärgården erbjuder en unik naturupplevelse och möjlighet till båtutflykter, segling och fiske. På sommaren fylls öarna av badande, seglare och turister som vill njuta av den vackra skärgårdsnaturen och det klara blå vattnet.

Stockholm är också känt för sitt aktiva nattliv och pulserande kulturscen. Staden erbjuder ett brett utbud av restauranger, barer, nattklubbar och teatrar där besökare kan uppleva allt från traditionell svensk mat och kultur till internationella musik- och teaterföreställningar.

Utöver sin skönhet och kultur har Stockholm också en stark koppling till naturen. Staden är känd för sin renhet och sina grönområden, och stockholmarna värnar om miljön och hållbarheten. Cykling och kollektivtrafik är vanliga färdmedel, vilket bidrar till att minska trafikens påverkan på miljön.

Sammanfattningsvis är Stockholm en stad som har allt - historia, kultur, skönhet och natur. Med sin unika kombination av modernitet och tradition lockar Stockholm besökare från hela världen och erbjuder en oförglömlig upplevelse för alla som besöker staden.

Stockholm's archipelago, with over 30,000 islands, is another of the city's great attractions. The archipelago offers a unique nature experience and opportunities for boat trips, sailing, and fishing. In the summer, the islands are filled with swimmers, sailors, and tourists looking to enjoy the beautiful archipelago nature and clear blue waters.

Stockholm is also known for its vibrant nightlife and cultural scene. The city offers a wide range of restaurants, bars, nightclubs, and theaters where visitors can experience everything from traditional Swedish food and culture to international music and theater performances.

In addition to its beauty and culture, Stockholm also has a strong connection to nature. The city is known for its cleanliness and green areas, and Stockholmers are committed to environmental protection and sustainability. Cycling and public transportation are common modes of transportation, helping to reduce the impact of traffic on the environment.

In summary, Stockholm is a city that has it all - history, culture, beauty, and nature. With its unique blend of modernity and tradition, Stockholm attracts visitors from all over the world and offers an unforgettable experience for all who visit the city.

Kullerstensgator - Cobblestone streets
Friluftsmuseum - Open-air museum
Skärgård - Archipelago
Färdmedel - Mode of transportation
Ven - The Baltic Sea
Koppling - Connection

GÖTEBORG: SVERIGES ANDRA STAD OCH KULTURMETROPOL

Göteborg, även känt som Sveriges andra stad, är en pulserande och mångfacetterad plats som lockar besökare från när och fjärran. Beläget vid Västkusten, är Göteborg en viktig hamnstad och en central knutpunkt för handel och industri i landet.

Staden grundades år 1621 av kung Gustav II Adolf och har sedan dess vuxit till en blomstrande metropol med en rik historia och en modern framtoning. Göteborg har en unik atmosfär som kombinerar tradition och innovation på ett spännande sätt.

En av Göteborgs mest kända landmärken är Göteborgsoperan, som är belägen vid Göta Älv. Operahuset är en imponerande byggnad och ett centrum för konst och kultur i staden. Här kan besökare njuta av operaföreställningar, musikaler och andra kulturella evenemang.

Göteborg har också ett rikt kulturliv med ett brett utbud av museer, teatrar och konstgallerier. Göteborgs Konstmuseum är ett av stadens mest besökta museum och huserar en imponerande samling av svensk och internationell konst från olika epoker.

Staden är också känd för sitt levande nöjesliv och sin festivalscen. Varje år arrangeras en mängd olika festivaler och evenemang, bland annat Göteborg Film Festival, Göteborgs Kulturkalas och Way Out West, en av Skandinaviens största musikfestivaler.

GOTHENBURG: SWEDEN'S SECOND CITY AND CULTURAL METROPOLIS

Gothenburg, also known as Sweden's second city, is a vibrant and multifaceted place that attracts visitors from near and far. Located on the West Coast, Gothenburg is an important port city and a central hub for trade and industry in the country.

The city was founded in 1621 by King Gustav II Adolf and has since grown into a thriving metropolis with a rich history and a modern appearance. Gothenburg has a unique atmosphere that combines tradition and innovation in an exciting way.

One of Gothenburg's most famous landmarks is the Gothenburg Opera House, located by the Göta Älv river. The opera house is an impressive building and a center for art and culture in the city. Here, visitors can enjoy opera performances, musicals, and other cultural events.

Gothenburg also has a rich cultural life with a wide range of museums, theaters, and art galleries. The Gothenburg Museum of Art is one of the city's most visited museums and houses an impressive collection of Swedish and international art from different eras.

The city is also known for its vibrant nightlife and festival scene. Every year, a variety of festivals and events are held, including the Gothenburg Film Festival, Gothenburg Culture Festival, and Way Out West, one of Scandinavia's largest music festivals.

Göteborgs skärgård, med sina vackra öar och stränder, är en annan av stadens stora attraktioner. Skärgården erbjuder en avkopplande miljö för avkoppling och rekreation, och här kan besökare njuta av segling, båtturer och bad.

Göteborg är också känt för sina matupplevelser och sitt rika kulinariska utbud. Staden erbjuder ett stort antal restauranger och kaféer som serverar allt från traditionell svensk mat till internationella kök. Göteborgs fiskmarknad, Feskekôrka, är ett populärt resmål för matälskare och erbjuder färsk fisk och skaldjur av hög kvalitet.

En annan symbol för Göteborg är Liseberg, en av Europas största nöjesparker. Liseberg erbjuder en mängd olika attraktioner och aktiviteter för både barn och vuxna, och parken är en populär destination för familjer och turister.

Sammanfattningsvis är Göteborg en stad med en rik historia, en blomstrande kulturscen och ett pulserande nöjesliv. Med sin vackra skärgård, sin rika matkultur och sina många kulturella evenemang har Göteborg något att erbjuda för alla besökare och har blivit en av Sveriges mest älskade och populära destinationer.

Gothenburg's archipelago, with its beautiful islands and beaches, is another of the city's great attractions. The archipelago offers a relaxing environment for relaxation and recreation, and visitors can enjoy sailing, boat trips, and swimming here.

Gothenburg is also known for its culinary experiences and its rich culinary offerings. The city offers a large number of restaurants and cafes serving everything from traditional Swedish cuisine to international cuisine. Gothenburg's fish market, Feskekôrka, is a popular destination for food lovers and offers fresh fish and seafood of high quality.

Another symbol of Gothenburg is Liseberg, one of Europe's largest amusement parks. Liseberg offers a variety of attractions and activities for both children and adults, and the park is a popular destination for families and tourists.

In conclusion, Gothenburg is a city with a rich history, a thriving cultural scene, and a vibrant nightlife. With its beautiful archipelago, rich culinary culture, and numerous cultural events, Gothenburg has something to offer for all visitors and has become one of Sweden's most beloved and popular destinations.

Mångfacetterad - Multifaceted
Feskekôrka - Fish market (literally "fish church," a popular fish market in Gothenburg)
Nöjesliv - Nightlife
Kulturkalas - Culture Festival
Livliga - Vibrant
Avkopplande - Relaxing
Sjöstad - Lake city (referring to Gothenburg's location by the sea)
Familjevänliga - Family-friendly
Varvsindustri - Shipyard industry
Företagande - Entrepreneurship

SVERIGES FÖRHÅLLANDE TILL FINLAND: ETT NÄRA SAMARBETE OCH GEMENSAM HISTORIA

Sverige och Finland har en lång och nära historia som sträcker sig tillbaka till urminnes tider. De två länderna delar inte bara en geografisk närhet utan också gemensamma kulturella och historiska band som har format deras relation genom århundradena.

Ett av de mest framträdande draget i förhållandet mellan Sverige och Finland är det språkliga bandet. Svenska och finska är officiella språk i Finland, och en betydande del av den finska befolkningen har en svensk språklig bakgrund. Denna språkliga koppling har bidragit till en djupare förståelse och kommunikation mellan länderna.

Historiskt sett har Sverige haft en betydande påverkan på Finland. Under medeltiden var Finland en del av Sverige och var under svensk överhöghet fram till 1809 då det blev en autonom del av det ryska imperiet. Under den svenska tiden infördes svenska som administrativt och kulturellt språk, och svenska traditioner och sedvänjor påverkade det finska samhället.

Efter att Finland blev självständigt från Ryssland år 1917, förblev förhållandet mellan Sverige och Finland starkt. Sverige erkände snabbt Finlands självständighet och stöttade landet i dess tidiga steg som en ny nation. De två länderna etablerade diplomatiska förbindelser och inledde ett nära samarbete inom politik, ekonomi och kultur.

Under andra världskriget spelade Sverige en viktig roll som en neutral medlare mellan Finland och Sovjetunionen.

SWEDEN'S RELATIONSHIP WITH FINLAND: CLOSE COLLABORATION AND SHARED HISTORY

Sweden and Finland have a long and close history that dates back to ancient times. The two countries not only share geographical proximity but also have common cultural and historical ties that have shaped their relationship over the centuries.

One of the most prominent features of the relationship between Sweden and Finland is the linguistic connection. Swedish and Finnish are official languages in Finland, and a significant part of the Finnish population has a Swedish linguistic background. This linguistic link has contributed to a deeper understanding and communication between the countries.

Historically, Sweden has had a significant impact on Finland. During the Middle Ages, Finland was a part of Sweden and remained under Swedish sovereignty until 1809 when it became an autonomous part of the Russian Empire. During the Swedish era, Swedish was introduced as an administrative and cultural language, and Swedish traditions and customs influenced Finnish society.

After Finland gained independence from Russia in 1917, the relationship between Sweden and Finland remained strong. Sweden quickly recognized Finland's independence and supported the country in its early steps as a new nation. The two countries established diplomatic relations and initiated close cooperation in politics, economy, and culture.

During World War II, Sweden played a crucial role as a neutral mediator between Finland and the Soviet Union.

Sverige erbjöd också humanitär hjälp och stöd till Finland under kriget, vilket stärkte banden mellan länderna ytterligare.

Idag är Sverige och Finland nära samarbetspartner på många områden. Både länderna är medlemmar i Europeiska Unionen och samarbetar inom EU:s ram för att främja fred, stabilitet och välstånd i regionen. De delar också liknande värderingar när det gäller demokrati, mänskliga rättigheter och miljöskydd.

Det ekonomiska samarbetet mellan Sverige och Finland är också omfattande. Många svenska företag är aktiva på den finska marknaden, och handeln mellan länderna blomstrar. Både Sverige och Finland har också liknande sociala välfärdssystem och arbetar tillsammans för att främja jämlikhet och välbefinnande för sina medborgare.

Kulturellt sett delar Sverige och Finland också många gemensamma traditioner och kulturella uttryck. De delar musik, litteratur och andra kulturella uttryck som har berikat deras gemensamma historia och förstärkt deras relation.

I sammanfattning är förhållandet mellan Sverige och Finland präglat av närhet, samarbete och gemensamma värderingar. De två ländernas historia och kulturella band har skapat en stark och nära relation som har stått tidens prövningar och fortsätter att växa och utvecklas med tiden.

Sweden also provided humanitarian aid and support to Finland during the war, further strengthening the ties between the countries.

Today, Sweden and Finland are close cooperation partners in many areas. Both countries are members of the European Union and collaborate within the EU framework to promote peace, stability, and prosperity in the region. They also share similar values regarding democracy, human rights, and environmental protection.

Economically, the collaboration between Sweden and Finland is extensive. Many Swedish companies are active in the Finnish market, and trade between the countries is flourishing. Both Sweden and Finland also have similar social welfare systems and work together to promote equality and well-being for their citizens.

Culturally, Sweden and Finland also share many common traditions and cultural expressions. They share music, literature, and other cultural aspects that have enriched their shared history and strengthened their relationship.

In summary, the relationship between Sweden and Finland is characterized by closeness, cooperation, and shared values. The two countries' history and cultural ties have created a strong and close relationship that has withstood the test of time and continues to grow and evolve over time.

Överhöghet - Sovereignty
Välbefinnande - Well-being
Medlare - Mediator
Berikat - Enriched
Värderingar - Values
Fackuttryck - Technical terms
Präglat - Characterized

ALFRED NOBEL: DEN BERYKTADE UPPFINNAREN OCH SKAPAREN AV NOBELPRISEN

Alfred Nobel, född den 21 oktober 1833 i Stockholm, var en framstående svensk uppfinnare, ingenjör, företagare och filantrop. Han är mest känd för att ha uppfunnit dynamiten och för att ha instiftat Nobelprisen, en av världens mest prestigefyllda utmärkelser.

Som ung visade Alfred Nobel tidigt intresse för vetenskap och teknik. Han hade en mångsidig utbildning och lärde sig språk som engelska, franska, tyska och ryska. Han arbetade i flera av faderns företag runt om i Europa och förvärvade en bred kunskap om kemi och ingenjörskonst.

Nobel var en produktiv uppfinnare och har över 350 patent på sitt namn. Hans mest kända uppfinning var dynamiten, som han patenterade 1867. Dynamiten blev ett betydande framsteg inom sprängämnesindustrin och användes vid byggandet av kanaler, broar och järnvägar över hela världen. Emellertid insåg Nobel att dynamiten också kunde användas för militära ändamål, vilket fick honom att reflektera över de potentiella konsekvenserna av sina uppfinningar.

Nobel var en filantropisk person och engagerade sig i humanitära och fredliga ändamål. Han hade inga arvingar och bestämde sig för att donera större delen av sin förmögenhet för att inrätta Nobelprisen. I sitt testamente, undertecknat 1895, avsatte han stora summor pengar för att belöna personer och organisationer som har gjort betydande bidrag inom fysik, kemi, medicin, litteratur och fredsarbete.

ALFRED NOBEL: THE NOTORIOUS INVENTOR AND CREATOR OF THE NOBEL PRIZES

Alfred Nobel, born on October 21, 1833, in Stockholm, was a prominent Swedish inventor, engineer, entrepreneur, and philanthropist. He is most famous for inventing dynamite and for establishing the Nobel Prizes, one of the world's most prestigious awards.

As a young man, Alfred Nobel showed early interest in science and technology. He received a diverse education and learned languages such as English, French, German, and Russian. He worked in several of his father's companies across Europe, gaining extensive knowledge of chemistry and engineering.

Nobel was a prolific inventor and held over 350 patents in his name. His most notable invention was dynamite, patented in 1867. Dynamite became a significant advancement in the explosives industry and was used in the construction of canals, bridges, and railways worldwide. However, Nobel realized that dynamite could also be used for military purposes, which led him to reflect on the potential consequences of his inventions.

Nobel was a philanthropic individual and dedicated himself to humanitarian and peaceful causes. With no heirs, he decided to donate most of his wealth to establish the Nobel Prizes. In his will, signed in 1895, he set aside substantial sums of money to reward individuals and organizations that have made significant contributions in physics, chemistry, medicine, literature, and peace efforts.

Nobelprisen har sedan dess blivit ett av världens mest erkända och prestigefyllda pris, och dess pristagare inkluderar några av de mest framstående och inflytelserika personerna i historien.

Alfred Nobel avled den 10 december 1896 i San Remo, Italien. Hans död kom som en chock för många, och hans testamente och inrättandet av Nobelprisen blev omedelbart omtalade. Nobels arv och minne lever vidare genom Nobelprisen, som fortsätter att hedra och erkänna människor som har gjort betydande bidrag till mänskligheten inom olika områden.

Utöver sin betydelse som uppfinnare och skapare av Nobelprisen är Alfred Nobel också ihågkommen för sitt engagemang för fred och fredliga lösningar på konflikter. Hans insatser och donationer har haft en bestående påverkan på mänskligheten och fortsätter att inspirera människor att sträva efter framsteg och förändring till det bättre.

Since then, the Nobel Prizes have become one of the world's most recognized and prestigious awards, with laureates including some of history's most prominent and influential figures.

Alfred Nobel passed away on December 10, 1896, in San Remo, Italy. His death came as a shock to many, and his will and the establishment of the Nobel Prizes immediately drew attention. Nobel's legacy and memory live on through the Nobel Prizes, which continue to honor and recognize people who have made significant contributions to humanity in various fields.

Beyond his significance as an inventor and creator of the Nobel Prizes, Alfred Nobel is also remembered for his commitment to peace and peaceful solutions to conflicts. His efforts and donations have had a lasting impact on humanity and continue to inspire people to strive for progress and positive change.

Sprängämnesindustri - Explosives industry
Pristagare - Laureate
Inflytelserika - Influential
Bestående - Lasting
Ihågkommen - Remembered
Engagemang - Commitment
Arvingar - Heirs

ZLATAN IBRAHIMOVIĆ: EN SVENSK FOTBOLLSIKON MED GLOBAL PÅVERKAN

Zlatan Ibrahimović, född den 3 oktober 1981 i Malmö, är en av Sveriges mest framstående fotbollsspelare genom tiderna. Med sin exceptionella talang, karismatiska personlighet och imponerande fotbollskarriär har han blivit en ikon både i Sverige och internationellt.

Zlatan Ibrahimovićs fotbollsresa började i Malmö FF där han debuterade som professionell fotbollsspelare som tonåring. Hans talang och skicklighet på planen gjorde snabbt att han uppmärksammades av större klubbar runt om i Europa. År 2001 flyttade han till den nederländska klubben Ajax, där han fortsatte att imponera med sin målfarlighet och tekniska skicklighet.

Efter framgångsrika år i Ajax värvades Ibrahimović till italienska Juventus, där han snabbt etablerade sig som en av Europas bästa anfallare. Han fortsatte sedan sin karriär i några av världens mest prestigefyllda klubbar som Inter Milan, Barcelona, AC Milan, och Paris Saint-Germain. Under sina utlandsår vann han flera nationella ligatitlar och blev känd för sina spektakulära mål och kreativa spelstil.

År 2016 återvände Ibrahimović till Manchester United i England, där han fortsatte att imponera med sina målskyttet och blev en hyllad spelare. Efter sin tid i England har han spelat för LA Galaxy i Major League Soccer i USA och återvänt till AC Milan.

Zlatan Ibrahimović har också haft en framgångsrik karriär i det svenska landslaget.

ZLATAN IBRAHIMOVIĆ: A SWEDISH FOOTBALL ICON WITH GLOBAL IMPACT

Zlatan Ibrahimović, born on October 3, 1981, in Malmö, is one of Sweden's most prominent football players of all time. With his exceptional talent, charismatic personality, and impressive football career, he has become an icon both in Sweden and internationally.

Zlatan Ibrahimović's football journey began at Malmö FF, where he debuted as a professional football player as a teenager. His talent and skill on the field quickly caught the attention of larger clubs around Europe. In 2001, he moved to the Dutch club Ajax, where he continued to impress with his goal-scoring ability and technical skills.

After successful years at Ajax, Ibrahimović was transferred to the Italian club Juventus, where he quickly established himself as one of Europe's best forwards. He then continued his career at some of the world's most prestigious clubs, including Inter Milan, Barcelona, AC Milan, and Paris Saint-Germain. During his time abroad, he won several national league titles and became known for his spectacular goals and creative playing style.

In 2016, Ibrahimović returned to Manchester United in England, where he continued to impress with his goal-scoring prowess and became a celebrated player. After his time in England, he played for LA Galaxy in Major League Soccer in the USA and returned to AC Milan.

Zlatan Ibrahimović has also had a successful career with the Swedish national team.

Han har representerat Sverige i flera internationella turneringar, inklusive Europamästerskapet och Världsmästerskapet. Han är Sveriges främsta målskytt genom tiderna i landslaget och har spelat en central roll i att leda landslaget till flera framgångar.

Förutom sina sportsliga prestationer är Zlatan Ibrahimović känd för sin karismatiska och självsäkra personlighet, vilket har gjort honom till en omtyckt och kontroversiell figur både inom och utanför fotbollsvärlden. Han har också engagerat sig i olika välgörenhetsprojekt och har använt sin kändisskap för att stödja olika samhällsinitiativ.

Zlatan Ibrahimovićs inflytande sträcker sig långt bortom fotbollsplanen. Hans närvaro i media, sociala medier och reklam har gjort honom till en global kändis och en av de mest igenkända svenska idrottspersonligheterna genom tiderna.

Sammanfattningsvis är Zlatan Ibrahimović en svensk fotbollslegend med en extraordinär karriär och global påverkan. Hans prestationer på fotbollsplanen, karismatiska personlighet och engagemang i samhällsfrågor har gjort honom till en ikonisk figur som fortsätter att inspirera både unga fotbollsspelare och fans över hela världen.

He has represented Sweden in several international tournaments, including the European Championship and the World Cup. He is Sweden's all-time leading goal-scorer in the national team and has played a central role in leading the team to several successes.

In addition to his sporting achievements, Zlatan Ibrahimović is known for his charismatic and confident personality, making him a beloved and controversial figure both within and outside the football world. He has also been involved in various charitable projects and has used his celebrity status to support various community initiatives.

Zlatan Ibrahimović's influence extends far beyond the football field. His presence in the media, social media, and advertising has made him a global celebrity and one of the most recognized Swedish sports personalities of all time.

In conclusion, Zlatan Ibrahimović is a Swedish football legend with an extraordinary career and global impact. His accomplishments on the football field, charismatic personality, and commitment to societal issues have made him an iconic figure who continues to inspire both young football players and fans worldwide.

Landslaget - National team
Målskyttet - Goal-scoring
Omtalade - Controversial
Samhällsinitiativ - Community initiatives
Global kändis - Global celebrity
Välgörenhetsprojekt - Charitable projects
Uppfinningsrikedom - Creativity
Företagsamhet - Resourcefulness
Tillgivenhet - Affection
Självmål - Own goal

ASTRID LINDGREN: EN BERÄTTELSE OM SKAPANDET AV TIDLÖSA BERÄTTELSER

Astrid Lindgren, född den 14 november 1907 i Vimmerby, var en av Sveriges mest älskade författare och barnboksförfattare genom tiderna. Hennes inflytande och bidrag till barnlitteraturen har gjort henne till en ikon både i Sverige och runtom i världen.

Lindgrens kreativa resa började i barndomen när hon uppmuntrades av sin mor att använda fantasin och berätta historier. Efter att ha arbetat som sekreterare och journalist började hon skriva egna berättelser för sina barn, som senare skulle inspirera till hennes mest kända verk.

År 1945 publicerades hennes första bok, "Britt-Marie lättar sitt hjärta", som sedan följdes av flera andra böcker. Det var emellertid berättelsen om "Pippi Långstrump", publicerad 1945, som blev hennes genombrott och gjorde henne världsberömd. Pippi Långstrump, med sin styrka, uppfinningsrikedom och självständighet, blev snabbt en favorit bland barn och vuxna över hela världen.

Lindgrens författarskap sträckte sig bortom Pippi Långstrump, och hon skapade ett brett spektrum av karaktärer och berättelser som har blivit tidlösa klassiker. Hennes böcker, såsom "Emil i Lönneberga", "Madicken", "Ronja Rövardotter" och "Bröderna Lejonhjärta", har berört generationer av läsare med sina starka berättelser om äventyr, vänskap och värme.

ASTRID LINDGREN: A TALE OF CREATING TIMELESS STORIES

Astrid Lindgren, born on November 14, 1907, in Vimmerby, was one of Sweden's most beloved authors and children's book writers of all time. Her influence and contributions to children's literature have made her an icon both in Sweden and around the world.

Lindgren's creative journey began in her childhood when she was encouraged by her mother to use her imagination and tell stories. After working as a secretary and journalist, she started writing her own stories for her children, which later inspired her most famous works.

In 1945, her first book, "Britt-Marie lättar sitt hjärta" (Britt-Marie Unburdens Her Heart), was published, followed by several other books. However, it was the story of "Pippi Långstrump" (Pippi Longstocking), published in 1945, that became her breakthrough and made her world-famous. Pippi Longstocking, with her strength, inventiveness, and independence, quickly became a favorite among children and adults worldwide.

Lindgren's authorship extended beyond Pippi Longstocking, and she created a wide range of characters and stories that have become timeless classics. Her books, such as Emil in Lönneberga, Mardie, Ronja the Robber's Daughter, and "The Brothers Lionheart, have touched generations of readers with their powerful tales of adventure, friendship, and warmth.

Utöver sitt skrivande var Astrid Lindgren en engagerad samhällsmedborgare och kämpade för barns rättigheter och välfärd. Hon var en viktig röst för barns rättigheter och för att främja läsning och litteratur bland unga.

Hennes böcker har översatts till ett stort antal språk och har sålts i miljontals exemplar världen över. Astrid Lindgrens verk har också filmatiserats och blivit grund för teaterföreställningar, vilket har bidragit till att sprida hennes berättelser och karaktärer ännu längre.

Astrid Lindgrens inflytande och betydelse som författare har blivit tidlös och fortsätter att inspirera och glädja både unga och gamla. Hennes skapande av fantasifulla världar och karaktärer har fångat generationer av läsare och har gjort henne till en av Sveriges mest älskade och beundrade författare genom tiderna.

Hennes förmåga att skapa berättelser som berör och underhåller har gjort henne till en ikon i barnlitteraturen och en förebild för författare runt om i världen. Astrid Lindgrens arv lever vidare genom hennes böcker, som fortsätter att bli älskade och uppskattade av generationer av läsare.

In addition to her writing, Astrid Lindgren was a dedicated citizen and fought for children's rights and welfare. She was an important advocate for children's rights and for promoting reading and literature among the young.

Her books have been translated into a large number of languages and have sold millions of copies worldwide. Astrid Lindgren's works have also been adapted into films and formed the basis for theater productions, further spreading her stories and characters.

Astrid Lindgren's influence and significance as an author have become timeless and continue to inspire and delight both young and old. Her creation of imaginative worlds and characters has captivated generations of readers, making her one of Sweden's most beloved and admired authors of all time.

Her ability to create stories that touch and entertain has made her an icon in children's literature and a role model for writers around the world. Astrid Lindgren's legacy lives on through her books, which continue to be loved and appreciated by generations of readers.

Samhällsmedborgare - Citizen
Teaterföreställningar - Theater productions
Hyllad - Celebrated
Förebild - Role model
 Berört - Touched
Genombrott - Breakthrough
Skapande - Creation
Fantasifulla - Imaginative

PIPPI LÅNGSTRUMP - EN FANTASTISK LÄSRESA GENOM FÄRGSTARKA ÄVENTYR

"Pippi Långstrump" är en underbar barnbok skriven av den svenska författarinnan Astrid Lindgren. Boken publicerades första gången år 1945 och har sedan dess blivit en älskad klassiker som läses och älskas av barn över hela världen.

Handlingen kretsar kring den unga och orädda flickan Pippi Långstrump, som bor själv i det mystiska Villa Villekulla med sin apa Herr Nilsson och hästen Lilla Gubben. Pippi är inte som andra barn. Hon är ovanligt stark och har en imponerande uppfinningsrikedom. Hon bär kläder som inte matchar och har flätor som står rakt ut från huvudet. Pippi är alltid redo för äventyr och roliga upptåg.

Boken tar oss med på en hisnande resa genom Pippis värld av färgstarka äventyr. Hon träffar nya vänner, som Tommy och Annika, och tillsammans upplever de spännande äventyr. Pippi tar sig an skurkar och löser problem med sin mod och fantasi. Hennes oortodoxa sätt att se på världen och göra saker gör henne till en unik och minnesvärd karaktär.

Författarinnan Astrid Lindgren har skapat en magisk värld där barns fantasi och lekfullhet hyllas. Pippi Långstrump är en inspirerande och stolt förebild för många barn. Hon visar att det är okej att vara annorlunda och att våga vara sig själv. Boken tar upp viktiga teman som vänskap, mod, och att tro på sig själv.

PIPPI LONGSTOCKING - AN AMAZING READING JOURNEY THROUGH COLORFUL ADVENTURES

"Pippi Longstocking" is a wonderful children's book written by the Swedish author Astrid Lindgren. The book was first published in 1945 and has since become a beloved classic, read and cherished by children all over the world.

The story revolves around the young and fearless girl Pippi Longstocking, who lives alone in the mysterious Villa Villekulla with her monkey Mr. Nilsson and her horse Little Old Man. Pippi is not like other children. She is unusually strong and has an impressive imagination. She wears mismatched clothes and has braids that stand straight out from her head. Pippi is always ready for adventures and fun escapades.

The book takes us on a thrilling journey through Pippi's world of colorful adventures. She meets new friends, such as Tommy and Annika, and together they experience exciting escapades. Pippi takes on villains and solves problems with her courage and creativity. Her unorthodox way of looking at the world and doing things makes her a unique and memorable character.

The author Astrid Lindgren has created a magical world where children's imagination and playfulness are celebrated. Pippi Longstocking is an inspiring and proud role model for many children. She shows that it's okay to be different and to dare to be oneself. The book addresses important themes such as friendship, bravery, and believing in oneself.

Språket i boken är lekfullt och fantasifullt, vilket gör den till en njutning att läsa. Astrid Lindgrens förmåga att skapa levande och fängslande berättelser fångar läsaren från första till sista sidan. Hennes humor och skarpa iakttagelser av barnets värld gör att boken engagerar läsare i alla åldrar.

"Pippi Långstrump" är en tidlös klassiker som fortsätter att beröra och fascinera generation efter generation. Bokens budskap om att vara sig själv och att våga vara unik är något som alla kan ta med sig i livet. Jag rekommenderar varmt denna bok till alla som vill uppleva en magisk och spännande läsresa genom Pippis värld av äventyr och fantasi.

Slutord: "Pippi Långstrump" är en fantastisk barnbok som tar oss med på en oförglömlig resa genom Pippis värld av färgstarka äventyr. Astrid Lindgrens skickliga berättarkonst och Pippis karismatiska personlighet gör boken till en riktig pärla i barnlitteraturen. En bok som får oss att skratta, drömma och tro på oss själva.

The language in the book is playful and imaginative, making it a delight to read. Astrid Lindgren's ability to create vivid and captivating stories captivates the reader from the first to the last page. Her humor and keen observations of the child's world engage readers of all ages.

"Pippi Longstocking" is a timeless classic that continues to touch and fascinate generation after generation. The book's message of being oneself and daring to be unique is something that everyone can take with them in life. I warmly recommend this book to anyone who wants to experience a magical and exciting reading journey through Pippi's world of adventure and imagination.

Conclusion: "Pippi Longstocking" is a fantastic children's book that takes us on an unforgettable journey through Pippi's world of colorful adventures. Astrid Lindgren's skilled storytelling and Pippi's charismatic personality make the book a true gem in children's literature. A book that makes us laugh, dream, and believe in ourselves.

Uppfinningsrikedom - Inventiveness
Oortodoxa - Unconventional
Fängslande - Captivating
Pärla - Gem
Förtjusande - Delightful
Njutning - Pleasure

GRETA GARBO - DEN OFÖRGLÖMLIGA SKÅDESPELERSKAN MED ENIGMATISK CHARM

Greta Garbo, född den 18 september 1905 i Stockholm, var en av Hollywoods mest ikoniska skådespelerskor genom tiderna. Med sin enigmatiska skönhet och talangfulla skådespelarkonst erövrade hon publikens hjärtan och blev en legendarisk figur inom filmindustrin.

Greta Garbo inledde sin karriär som skådespelerska i Sverige och fick sitt genombrott i filmen "Gösta Berlings saga" år 1924. Hon vann snabbt publikens och kritikernas uppskattning för sin unika förmåga att gestalta komplexa karaktärer med djup och intensitet.

År 1925 fick Greta Garbo erbjudande om att arbeta i Hollywood av filmproducenten Louis B. Mayer. Hon lämnade Sverige och reste till USA för att bli en del av den blomstrande amerikanska filmindustrin. I Hollywood fortsatte hennes framgångar och hon medverkade i flera framstående filmer, inklusive "Fleisch und Teufel" (Flesh and the Devil), "Anna Karenina", och "Camille".

Garbos skådespelarkonst kännetecknades av hennes förmåga att uttrycka känslor och djupa inre tankar med subtilitet och intensitet. Hon var känd för sitt distinkta och melodramatiska uttryckssätt, vilket gjorde henne till en av filmhistoriens mest minnesvärda skådespelerskor.

Greta Garbo blev också berömd för sin enigmatiska personlighet och sin strävan efter att leva ett privat liv bortom rampljuset. Hon blev känd för sitt berömda citat "I want to be alone", vilket bidrog till att skapa en mystisk aura kring hennes offentliga image.

GRETA GARBO - THE UNFORGETTABLE ACTRESS WITH ENIGMATIC CHARM

Greta Garbo, born on September 18, 1905, in Stockholm, was one of Hollywood's most iconic actresses of all time. With her enigmatic beauty and talented acting skills, she captured the hearts of the audience and became a legendary figure in the film industry.

Greta Garbo began her acting career in Sweden and achieved her breakthrough in the film "Gösta Berlings saga" in 1924. She quickly gained the appreciation of both the audience and critics for her unique ability to portray complex characters with depth and intensity.

In 1925, Greta Garbo received an offer to work in Hollywood from film producer Louis B. Mayer. She left Sweden and traveled to the USA to become a part of the flourishing American film industry. In Hollywood, her successes continued, and she starred in several prominent films, including "Fleisch und Teufel" (Flesh and the Devil), "Anna Karenina," and "Camille."

Garbo's acting was characterized by her ability to express emotions and deep inner thoughts with subtlety and intensity. She was known for her distinctive and melodramatic style, making her one of the most memorable actresses in film history.

Greta Garbo also became famous for her enigmatic personality and her desire to live a private life away from the spotlight. She was known for her famous quote "I want to be alone," which contributed to creating a mysterious aura around her public image.

Trots sitt tidiga avslut på skådespelarkarriären år 1941, har Greta Garbo fortsatt att vara en ikon inom filmvärlden. Hennes filmer har blivit klassiker som bevarar sin betydelse och attraherar nya generationer av filmälskare.

Efter sin pensionering från filmindustrin valde Garbo att leva ett tillbakadraget liv och undvek offentligheten så mycket som möjligt. Hon fokuserade på sina privata intressen och välgörenhetsarbete.

Greta Garbo avled den 15 april 1990, men hennes arv som en av Hollywoods största ikoner lever vidare. Hon kommer alltid att vara ihågkommen för sin enigmatiska skönhet, talangfulla skådespelarkonst och legendariska status inom filmhistorien.

Garbos inflytande som skådespelerska sträcker sig långt bortom hennes livstid och fortsätter att inspirera och fascinera människor över hela världen. Hon har blivit en symbol för tidlös skönhet och konstnärlig uttrycksförmåga, vilket gör henne till en evig ikon inom filmvärlden.

Despite retiring from her acting career in 1941, Greta Garbo has continued to be an icon in the film world. Her films have become classics that retain their significance and attract new generations of film enthusiasts.

After retiring from the film industry, Garbo chose to live a reclusive life and avoided the public eye as much as possible. She focused on her private interests and charity work.

Greta Garbo passed away on April 15, 1990, but her legacy as one of Hollywood's greatest icons lives on. She will always be remembered for her enigmatic beauty, talented acting skills, and legendary status in film history.

Garbo's influence as an actress extends far beyond her lifetime and continues to inspire and fascinate people worldwide. She has become a symbol of timeless beauty and artistic expression, making her an eternal icon in the world of cinema.

Offentligheten - Public eye
Tillbakadraget - Retired
Uttrycksförmåga - Expression
Pensionering - Retirement
Konstnärlig - Artistic
Evig - Eternal
Välgörenhetsarbete - Charity work

INGMAR BERGMAN - GENIET BAKOM DEN SVENSKA FILMKONSTENS MÄSTERVERK

Ingmar Bergman, född den 14 juli 1918 i Uppsala, var en av Sveriges mest framstående filmregissörer och manusförfattare genom tiderna. Hans inflytande inom filmkonsten har gjort honom till en legend och en av de mest hyllade filmskaparna i världen.

Bergmans filmkarriär började på 1940-talet, och han skapade sitt första stora genombrott med filmen "Sånt händer inte här" år 1947. Hans filmskapande kännetecknades av djupgående psykologiska porträtt, intensiva skådespelarprestationer och starka teman kring existentiella frågor och mänskliga relationer.

Han blev internationellt känd för sina mästerverk som "Det sjunde inseglet", "Smultronstället", och "Persona", som anses vara några av de mest inflytelserika filmerna i filmhistorien. Bergmans unika sätt att skildra människans inre värld och reflektera över livets stora frågor gjorde honom till en unik filmskapare.

Ingmar Bergman var också verksam inom teatern och regisserade ett stort antal pjäser på olika teaterscener. Hans bidrag till den svenska teaterkonsten var lika betydelsefullt som hans arbete inom filmen.

Bergman fick flera internationella utmärkelser och priser för sina filmer och sitt konstnärliga bidrag. Han vann Oscars för bästa utländska film och mottog Guldpalmen vid Filmfestivalen i Cannes. Hans filmer har blivit hyllade av både kritiker och publik och har fortsatt att vara viktiga referenspunkter för filmskapare världen över.

INGMAR BERGMAN - THE GENIUS BEHIND THE MASTERPIECES OF SWEDISH FILM ART

Ingmar Bergman, born on July 14, 1918, in Uppsala, was one of Sweden's most prominent film directors and screenwriters of all time. His influence in the world of film has made him a legend and one of the most acclaimed filmmakers worldwide.

Bergman's film career began in the 1940s, and he achieved his first major breakthrough with the film "It Rains on Our Love" in 1947. His filmmaking was characterized by profound psychological portraits, intense acting performances, and strong themes revolving around existential questions and human relationships.

He became internationally renowned for his masterpieces such as "The Seventh Seal," "Wild Strawberries," and "Persona," which are considered some of the most influential films in cinematic history. Bergman's unique way of depicting the human psyche and reflecting on life's profound questions made him a singular filmmaker.

Ingmar Bergman was also active in the theater world, directing a multitude of plays on various stages. His contributions to Swedish theater were equally significant as his work in film.

Bergman received numerous international awards and honors for his films and artistic contributions. He won Oscars for Best Foreign Language Film and received the Golden Palm at the Cannes Film Festival. His films have been praised by both critics and audiences and continue to serve as important reference points for filmmakers worldwide.

Utöver sitt skapande som filmskapare och teaterregissör var Ingmar Bergman även en skicklig författare. Han skrev flera böcker om film, teater och sitt eget konstnärliga arbete, vilket gav inblick i hans tankar och kreativa process.

Bergmans inflytande sträcker sig bortom den svenska filmkonsten och har påverkat generationer av filmskapare. Hans arbete har banat väg för en ny våg av filmskapare och gett upphov till nya narrativa och estetiska uttryck inom filmen.

Ingmar Bergman avled den 30 juli 2007, men hans arv lever vidare genom hans filmer och konstnärliga verk. Han har blivit en symbol för den svenska filmkonstens storhet och har lämnat ett outplånligt avtryck inom filmvärlden.

Ingmar Bergman kommer alltid att vara ihågkommen som en visionär och begåvad filmskapare som berörde och utmanade sina tittare genom sina mästerliga verk. Hans filmer fortsätter att inspirera och fascinera människor över hela världen och kommer att vara en viktig del av filmhistorien för evigt.

In addition to his work as a filmmaker and theater director, Ingmar Bergman was a skilled writer. He authored several books on film, theater, and his own artistic endeavors, providing insights into his thoughts and creative process.

Bergman's influence extends beyond Swedish cinema and has impacted generations of filmmakers. His work paved the way for a new wave of filmmakers and gave rise to new narrative and aesthetic expressions in film.

Ingmar Bergman passed away on July 30, 2007, but his legacy lives on through his films and artistic works. He has become a symbol of the greatness of Swedish film art and has left an indelible mark on the world of cinema.

Ingmar Bergman will always be remembered as a visionary and talented filmmaker who touched and challenged his audiences through his masterful works. His films continue to inspire and fascinate people worldwide and will forever remain an integral part of film history.

Begåvad - Talented
Våg - Wave
Beröm - Praise
Tillbakadragen - Reclusive
Skildra - Depict

CARL VON LINNÉ - VETENSKAPSMANNEN SOM FÖRÄNDRADE VÄRLDENS SYN PÅ NATUREN

Carl von Linné, född den 23 maj 1707 i Råshult i Småland, var en framstående vetenskapsman och botaniker som gjorde banbrytande insatser inom biologi och systematiskt klassificerade växter och djur. Hans arbete hade en enorm inverkan på vetenskapen och förändrade världens syn på naturen.

Under sin livstid ägnade sig Linné åt intensiv forskning och utforskning av naturen. Hans mest kända bidrag är systemet för binomisk nomenklatur, där varje art fick två namn - ett generiskt namn och ett specifikt namn. Detta system, som fortfarande används inom vetenskapen, underlättade entydig identifiering och klassificering av organismer.

Linnés arbete och forskning inom botanik resulterade i boken "Species Plantarum" år 1753, där han klassificerade och beskrev över 7 000 växtarter. Detta blev grunden för den moderna systematiken inom botanik och bidrog till att standardisera vetenskapligt namngivande av växter.

Utöver sina botaniska insatser var Linné även framstående inom zoologi. Hans arbete inom djurklassificering och taxonomi banade väg för en förbättrad förståelse av den biologiska mångfalden. Han bidrog också till att popularisera vetenskapen genom sina populärvetenskapliga verk, som "Systema Naturae" och "Species Plantarum".

Linnés påverkan sträckte sig bortom vetenskapen och influerade även samhället och kulturen. Han förändrade hur människor såg på naturen och dess komplexitet.

CARL LINNAEUS - THE SCIENTIST WHO TRANSFORMED THE WORLD'S UNDERSTANDING OF NATURE

Carl Linnaeus, born on May 23, 1707, in Råshult, Småland, was a prominent scientist and botanist who made groundbreaking contributions to biology and systematically classified plants and animals. His work had a tremendous impact on science and transformed the world's understanding of nature.

During his lifetime, Linnaeus devoted himself to intensive research and exploration of nature. His most well-known contribution is the system of binomial nomenclature, where each species received two names - a generic name and a specific name. This system, still used in science today, facilitated clear identification and classification of organisms.

Linnaeus's work and research in botany resulted in the book "Species Plantarum" in 1753, where he classified and described over 7,000 plant species. This became the foundation of modern taxonomy in botany and contributed to standardizing the scientific naming of plants.

In addition to his botanical contributions, Linnaeus excelled in zoology. His work in animal classification and taxonomy paved the way for an improved understanding of biological diversity. He also popularized science through his popular scientific works, such as "Systema Naturae" and "Species Plantarum."

Linnaeus's impact extended beyond science and also influenced society and culture. He changed how people perceived nature and its complexity.

Genom att klassificera och namnge växter och djur gav han
människor en djupare förståelse för den biologiska
mångfalden och naturens skönhet.

Linnés arbete bidrog också till den vetenskapliga
revolutionen under 1700-talet och lade grunden för den
moderna biologin. Hans systematiska och metodiska
tillvägagångssätt inspirerade många andra forskare att
fortsätta att utforska och förstå naturen.

Idag är Linnés arv levande och hans insatser fortsätter att
vara en integrerad del av vetenskapen. Han har hedrats
med flera utmärkelser och priser för sitt bidrag till biologin
och hans namn lever vidare i namngivningen av många
växt- och djurarter.

Genom sitt vetenskapliga arbete och passion för naturen
blev Carl von Linné en av historiens mest framstående
vetenskapsmän. Hans bidrag till biologin och hans
systematiska arbete har förändrat världens syn på naturen
och lämnat ett bestående avtryck inom vetenskapen.

By classifying and naming plants and animals, he provided people with a deeper understanding of biological diversity and the beauty of nature.

Linnaeus's work also contributed to the scientific revolution of the 18th century and laid the foundation for modern biology. His systematic and methodical approach inspired many other researchers to continue exploring and understanding nature.

Today, Linnaeus's legacy lives on, and his contributions remain an integral part of science. He has been honored with several awards and prizes for his contributions to biology, and his name continues to be used in the naming of many plant and animal species.

Through his scientific work and passion for nature, Carl Linnaeus became one of history's most prominent scientists. His contributions to biology and his systematic work have transformed the world's understanding of nature and left a lasting imprint on science.

Bidrag - Contribution
Namngivande - Naming
Entydig - Clear
Hedras - Honored

AXEL OXENSTIERNA - STATSMANNEN BAKOM SVERIGES STORHETSTID

Axel Oxenstierna, född den 16 juni 1583 i Fånö, Uppland, var en framstående svensk statsman och en av de mest inflytelserika politikerna under Sveriges storhetstid på 1600-talet. Hans strategiska och diplomatiska skicklighet spelade en avgörande roll för landets framgångar och internationella anseende.

Oxenstierna utbildades vid flera framstående universitet i Europa och hade en omfattande kunskap om politik och statskunskap. Han inledde sin politiska karriär som rådgivare till kung Gustav II Adolf och blev senare en nyckelfigur i utrikespolitiken och regeringen under den unga drottning Kristinas styre.

Som Sveriges rikskansler spelade Oxenstierna en central roll i att stärka och utvidga Sveriges inflytande på den internationella arenan. Han var en skicklig diplomat och förhandlare som framgångsrikt hanterade komplexa politiska frågor och relationer med andra europeiska makter.

Oxenstierna var en visionär ledare som såg till att modernisera och stärka den svenska statsapparaten. Han inrättade nya institutioner och myndigheter för att effektivisera regeringens arbete och främja utbildning och vetenskap.

Under trettioåriga kriget var Oxenstierna den drivande kraften bakom Sveriges deltagande i kriget. Han övertygade drottning Kristina att stödja protestanterna i Tyskland och sluta allianser med andra europeiska makter.

AXEL OXENSTIERNA - THE STATESMAN BEHIND SWEDEN'S GOLDEN AGE

Axel Oxenstierna, born on June 16, 1583, in Fånö, Uppland, was a prominent Swedish statesman and one of the most influential politicians during Sweden's Golden Age in the 17th century. His strategic and diplomatic skills played a crucial role in the country's successes and international reputation.

Oxenstierna received education at several prominent universities in Europe and had extensive knowledge of politics and statecraft. He began his political career as an advisor to King Gustav II Adolf and later became a key figure in foreign policy and the government during the reign of the young Queen Christina.

As Sweden's Chancellor, Oxenstierna played a central role in strengthening and expanding Sweden's influence on the international stage. He was a skilled diplomat and negotiator who successfully handled complex political issues and relations with other European powers.

Oxenstierna was a visionary leader who modernized and strengthened the Swedish state apparatus. He established new institutions and authorities to streamline the government's work and promote education and science.

During the Thirty Years' War, Oxenstierna was the driving force behind Sweden's participation in the war. He convinced Queen Christina to support the Protestants in Germany and form alliances with other European powers.

Sveriges framgångar i kriget bidrog till landets status som en stormakt i Europa.

Efter kung Gustav II Adolfs död blev Oxenstierna Sveriges regent under den unga drottning Kristinas minderårighet. Han styrde landet med skicklighet och förnuft och verkade för att bevara den svenska stormaktstiden och dess expansion.

Axel Oxenstierna var också en stor beskyddare av konst, kultur och vetenskap. Han samlade en omfattande boksamling och stöttade flera framstående författare och intellektuella.

Efter att ha tjänat Sverige i mer än fyrtio år avled Oxenstierna den 28 augusti 1654. Hans arv som en framstående statsman och visionär ledare lever vidare. Hans insatser för att stärka Sveriges ställning som en stormakt har lämnat ett bestående avtryck i svensk historia och hans bidrag till politik och diplomati har hedrats i generationer.

Axel Oxenstierna var en statsman av sällsynt kvalitet och hans skicklighet och insiktsfullhet har fortsatt att inspirera och fascinera människor över hela världen.

Sweden's successes in the war contributed to its status as a great power in Europe.

After the death of King Gustav II Adolf, Oxenstierna became Sweden's regent during the young Queen Christina's minority. He governed the country with skill and wisdom, working to preserve Sweden's golden age and its expansion.

Axel Oxenstierna was also a great patron of art, culture, and science. He amassed an extensive book collection and supported several prominent authors and intellectuals.

After serving Sweden for over forty years, Oxenstierna passed away on August 28, 1654. His legacy as a distinguished statesman and visionary leader lives on. His efforts to strengthen Sweden's position as a great power have left a lasting impact on Swedish history, and his contributions to politics and diplomacy have been honored for generations.

Axel Oxenstierna was a statesman of rare quality, and his skill and insight continue to inspire and fascinate people around the world.

Förnuft - Wisdom
Beskyddare - Patron
Stormaktstiden - Golden Age
Uppföljare - Successor
Boksamling - Book collection
Sällsynt - Rare
Anseende - Reputation

RAOUL WALLENBERG - HJÄLTEN SOM RÄDDADE TUSENTALS LIV UNDER FÖRINTELSEN

Raoul Wallenberg, född den 4 augusti 1912 i Stockholm, var en svensk diplomat och hjälte som utförde hjältedåd under Förintelsen under andra världskriget. Hans modiga insatser räddade tusentals ungerska judar från nazisternas förföljelse och dödsläger.

Wallenberg var en äventyrlig själ med en passion för humanitära insatser. Han utbildade sig till arkitekt och hade en lovande karriär framför sig, men hans humanitära engagemang ledde honom till en diplomatisk tjänst i Ungern under andra världskriget.

Som Sveriges särskilda sändebud i Budapest ansträngde sig Wallenberg för att rädda så många judar som möjligt från den fruktansvärda förföljelsen. Genom att utfärda skyddspass och etablera säkra hus skyddade han judar från deportation till dödslägren.

Wallenbergs hjältemodiga insatser innebar att han ofta riskerade sitt eget liv. Han konfronterade nazistiska tjänstemän och vågade sig in i farliga situationer för att rädda människor i nöd.

Ett av Wallenbergs mest kända bedrifter var att han utdelade så kallade "Schutz-Pass", skyddspass, som skyddade judar från deportation. Han etablerade också diplomatiska kvartershus, så kallade "Schutzhauser", där tusentals judar kunde söka skydd.

RAOUL WALLENBERG - THE HERO WHO SAVED THOUSANDS OF LIVES DURING THE HOLOCAUST

Raoul Wallenberg, born on August 4, 1912, in Stockholm, was a Swedish diplomat and hero who performed acts of heroism during the Holocaust in World War II. His courageous efforts saved thousands of Hungarian Jews from the Nazis' persecution and death camps.

Wallenberg was an adventurous soul with a passion for humanitarian efforts. He trained as an architect and had a promising career ahead of him, but his humanitarian commitment led him to a diplomatic position in Hungary during World War II.

As Sweden's special envoy in Budapest, Wallenberg made great efforts to rescue as many Jews as possible from the terrible persecution. By issuing protective passes and establishing safe houses, he protected Jews from deportation to death camps.

Wallenberg's heroic actions often put his own life at risk. He confronted Nazi officials and ventured into dangerous situations to save people in need.

One of Wallenberg's most well-known achievements was distributing the so-called "Schutz-Pass," protective passes, which shielded Jews from deportation. He also established diplomatic quarter houses, known as "Schutzhauser," where thousands of Jews could seek refuge.

Hans mod och beslutsamhet räddade liv och gav hopp till tusentals människor som annars skulle ha fallit offer för Förintelsen. Han är ett strålande exempel på mod och medmänsklighet mitt i en av historiens mörkaste perioder.

Tyvärr försvann Raoul Wallenberg mystiskt efter att Sovjetunionen ockuperade Budapest 1945. Han tillfångatogs av sovjetiska myndigheter och hans öde förblev okänt. Trots omfattande ansträngningar att få information om hans öde förblev hans försvinnande ett olöst mysterium.

Raoul Wallenbergs hjältemodiga insatser och medmänsklighet har dock inte glömts. Han har hedrats med flera utmärkelser, inklusive titeln som "Rättfärdig bland folken" av Yad Vashem, Israels Holocaustmuseum.

Hans minne lever vidare genom monument, minnesmärken och böcker som skildrar hans modiga insatser. Raoul Wallenbergs ständiga påminnelse om vikten av att agera mot orättvisor och försvara mänskliga rättigheter är en kraftfull inspiration för eftervärlden.

Wallenbergs mod och hjältedåd under Förintelsen tjänar som en påminnelse om att en enskild människas handlingar kan göra en enorm skillnad och förändra historiens gång.

His courage and determination saved lives and provided hope to thousands of people who would have otherwise fallen victim to the Holocaust. He stands as a shining example of bravery and compassion in one of history's darkest periods.

Unfortunately, Raoul Wallenberg mysteriously disappeared after the Soviet Union occupied Budapest in 1945. He was apprehended by Soviet authorities, and his fate remained unknown. Despite extensive efforts to obtain information about his fate, his disappearance remained an unsolved mystery.

However, Raoul Wallenberg's heroic actions and humanity have not been forgotten. He has been honored with several awards, including the title "Righteous Among the Nations" by Yad Vashem, Israel's Holocaust museum.

His memory lives on through monuments, memorials, and books that depict his courageous efforts. Raoul Wallenberg's constant reminder of the importance of acting against injustices and defending human rights is a powerful inspiration for future generations.

Wallenberg's bravery and heroism during the Holocaust serve as a reminder that the actions of an individual can make an enormous difference and change the course of history.

Förföljelse - Persecution
Dödsläger - Death camps
Beslutsamhet - Determination
Tillfångatogs - Apprehended
Eftervärlden - Future generations
Hjältedåd - Acts of heroism
Medmänsklighet - Humanity
Förintelsen - The Holocaust

GUSTAV II ADOLF - DEN STORMÄKTIGE KUNGEN SOM FÖRÄNDRADE KRIGFÖRINGEN

Gustav II Adolf, född den 9 december 1594 i Stockholm, var en av Sveriges mest framstående kungar och en betydande militärledare under 1600-talet. Han är mest känd för sin strategiska skicklighet och förändringar i krigföringen, vilket gjorde honom till en central figur i trettioåriga kriget och Sveriges stormaktstid.

Som kung besteg Gustav II Adolf tronen vid en ung ålder efter sin fars död. Under hans regeringstid genomförde han flera reformer som stärkte kungamakten och moderniserade staten. Han var en framstående ledare som skapade en stark och centraliserad regering.

Under trettioåriga kriget, som var en av Europas mest omfattande och destruktiva konflikter, blev Gustav II Adolf en avgörande aktör. Han beslutade att stödja protestanterna i Tyskland och leda en svensk militär intervention på kontinenten.

Gustav II Adolf introducerade nya taktiker och militära innovationer som revolutionerade krigföringen. Han utvecklade den så kallade "linjära taktiken," där infanteriet organiserades i fasta linjer medan artilleriet gav understöd. Detta gav svenskarna en betydande fördel i slagfältet.

Kungen var även en visionär ledare som främjade kunskap och utbildning. Han grundade flera universitet och akademier för att främja vetenskap, kultur och litteratur. Gustav II Adolf ville att Sverige skulle vara ett ledande land inom kunskap och innovation.

GUSTAVUS ADOLPHUS - THE MIGHTY KING WHO REVOLUTIONIZED WARFARE

Gustavus Adolphus, born on December 9, 1594, in Stockholm, was one of Sweden's most prominent kings and a significant military leader during the 17th century. He is best known for his strategic skill and changes in warfare, which made him a central figure in the Thirty Years' War and Sweden's era as a great power.

As king, Gustavus Adolphus ascended the throne at a young age after his father's death. During his reign, he implemented several reforms that strengthened the royal power and modernized the state. He was a distinguished leader who created a strong and centralized government.

During the Thirty Years' War, one of Europe's most extensive and destructive conflicts, Gustavus Adolphus became a decisive actor. He chose to support the Protestants in Germany and led a Swedish military intervention on the continent.

Gustavus Adolphus introduced new tactics and military innovations that revolutionized warfare. He developed the so-called "linear tactics," where infantry was organized into fixed lines while artillery provided support. This gave the Swedes a significant advantage on the battlefield.

The king was also a visionary leader who promoted knowledge and education. He founded several universities and academies to foster science, culture, and literature. Gustavus Adolphus wanted Sweden to be a leading country in knowledge and innovation.

Tyvärr ledde Gustav II Adolfs militära äventyr till hans tidiga bortgång. Han stupade i slaget vid Lützen den 6 november 1632, vilket var en stor förlust för Sverige och en tragedi för landet.

Hans död markerade slutet på Sveriges mest framstående era som en europeisk stormakt. Trots detta har Gustav II Adolf lämnat en bestående påverkan på Sveriges historia och hans bidrag till krigföring och ledarskap har fortsatt att beundras och studeras.

Gustav II Adolf efterträddes av sin dotter Kristina, som fortsatte att styra Sverige och efterlämnade ett komplicerat politiskt arv.

Gustav II Adolf är ihågkommen som en stark och karismatisk ledare som förändrade krigsföringen och stärkte Sveriges ställning som en stormakt i Europa. Hans strategiska insikter och militära innovationer har lämnat ett bestående avtryck på militärhistorien och hans inflytande på Sveriges utveckling är oändligt betydelsefullt.

Unfortunately, Gustavus Adolphus' military adventures led to his early demise. He fell in the Battle of Lützen on November 6, 1632, which was a great loss for Sweden and a tragedy for the nation.

His death marked the end of Sweden's most distinguished era as a European great power. Nonetheless, Gustavus Adolphus left a lasting impact on Sweden's history, and his contributions to warfare and leadership have continued to be admired and studied.

Gustavus Adolphus was succeeded by his daughter Christina, who continued to rule Sweden and left behind a complex political legacy.

Gustavus Adolphus is remembered as a strong and charismatic leader who revolutionized warfare and strengthened Sweden's position as a great power in Europe. His strategic insights and military innovations have left a lasting mark on military history, and his influence on Sweden's development is of immeasurable significance.

Oändligt - Immeasurable
Stormakt - Great power

SVENSKA SKÄRGÅRDEN - EN NATURSKÖN SKATT ATT UPPTÄCKA

Svenska skärgården är en pärla som pryder Sveriges kustlinje och bjuder på en unik och mångfacetterad naturupplevelse. Med tusentals öar, kobbar och skär är skärgården en viktig del av Sveriges kulturarv och ett populärt resmål för både svenskar och turister från hela världen.

Den svenska skärgården sträcker sig längs hela landets kust, från Öresund i söder till Bottenviken i norr. Varje skärgårdsområde har sin egen unika karaktär och charm, vilket gör det till en spännande och variationsrik plats att utforska.

I den södra skärgården, nära Stockholm, hittar man en rad vackra öar och pittoreska fiskelägen. Hit reser många för att njuta av den vackra skärgårdsnaturen, segla och uppleva den genuina skärgårdskulturen. Utbudet av aktiviteter är brett, och man kan bland annat paddla kajak, fiska och vandra på natursköna stigar.

Den mellersta delen av den svenska skärgården sträcker sig längs Ostkusten och inbegriper områden som Stockholms skärgård, Ålands skärgård och Norrtäljes skärgård. Här finns stora möjligheter till segling, fiske och bad, och man kan också utforska öarnas rika historia genom att besöka gamla fästningar och kulturarv.

Den norra skärgården, som sträcker sig längs Bottenviken, bjuder på en mer vild och avskild naturupplevelse.

THE SWEDISH ARCHIPELAGO - A NATURAL TREASURE TO DISCOVER

The Swedish archipelago is a gem that adorns Sweden's coastline and offers a unique and diverse nature experience. With thousands of islands, islets, and skerries, the archipelago is an essential part of Sweden's cultural heritage and a popular destination for both Swedes and tourists from all over the world.

The Swedish archipelago stretches along the entire country's coast, from Öresund in the south to the Bay of Bothnia in the north. Each archipelago area has its own unique character and charm, making it an exciting and varied place to explore.

In the southern archipelago, near Stockholm, one can find a range of beautiful islands and picturesque fishing villages. Many travel here to enjoy the beautiful archipelago nature, sail, and experience the authentic archipelago culture. The range of activities is vast, and one can, among other things, paddle kayaks, fish, and hike on scenic trails.

The central part of the Swedish archipelago extends along the East Coast and includes areas such as the Stockholm archipelago, Åland archipelago, and Norrtälje archipelago. Here, there are ample opportunities for sailing, fishing, and swimming, and one can also explore the islands' rich history by visiting old fortresses and cultural heritage sites.

The northern archipelago, stretching along the Bay of Bothnia, offers a more wild and secluded nature experience.

Här finns storslagna stränder, branta klippor och stämningsfulla fiskesamhällen. Det är ett fantastiskt område för dem som söker lugn och ro och vill komma nära naturen.

Skärgårdens flora och fauna är lika mångfaldig som landskapet självt. Fågellivet är rikt och skärgården är en viktig häckningsplats för många arter. Här finns också sällsynta växter och ett rikt marint liv som lockar till sig dykare och naturintresserade.

Skärgårdens skönhet har även inspirerat konstnärer och författare genom tiderna. Många konstnärer har funnit inspiration i skärgårdens ljus, färger och former, och skärgården har även utgjort bakgrundsmiljö i flera litterära verk.

För att bevara den svenska skärgårdens unika natur och kulturarv arbetar olika organisationer och myndigheter med att skydda och vårda områdena. Många av öarna är också naturreservat eller nationalparker, vilket gör att besökare kan uppleva skärgården på ett hållbart sätt och samtidigt bevara dess skönhet för framtida generationer.

Sammanfattningsvis är den svenska skärgården en skatt som erbjuder en rik naturupplevelse och en inblick i landets kultur och historia. Oavsett om man söker äventyr, avkoppling eller kulturella upplevelser finns det något för alla att upptäcka i denna vackra och mångfacetterade skärgård.

Here, one can find magnificent beaches, steep cliffs, and atmospheric fishing communities. It is a fantastic area for those seeking peace and quiet and wanting to get close to nature.

The archipelago's flora and fauna are as diverse as the landscape itself. The birdlife is abundant, and the archipelago is an important breeding ground for many species. There are also rare plants and a rich marine life that attracts divers and nature enthusiasts.

The archipelago's beauty has also inspired artists and writers throughout the ages. Many artists have found inspiration in the archipelago's light, colors, and shapes, and the archipelago has served as a backdrop for several literary works.

To preserve the Swedish archipelago's unique nature and cultural heritage, various organizations and authorities work to protect and care for the areas. Many of the islands are also nature reserves or national parks, allowing visitors to experience the archipelago sustainably while preserving its beauty for future generations.

In conclusion, the Swedish archipelago is a treasure that offers a rich nature experience and an insight into the country's culture and history. Whether seeking adventure, relaxation, or cultural experiences, there is something for everyone to discover in this beautiful and diverse archipelago.

Kobbar - Islets
Skär - Skerries
Vårda - Care for
Storslagna - Magnificent
Dykare - Divers
Stämningsfulla - Atmospheric

ABBA - DEN LEGENDARISKA SVENSKA POPGRUPPEN SOM EROBRADE VÄRLDEN

ABBA är en ikonisk svensk popgrupp som bildades i Stockholm år 1972. Med sina oemotståndliga melodier, fantastiska harmonier och unika scenkläder erövrade de inte bara Sverige utan också världen. Deras musik och stil har lämnat ett bestående avtryck på musikhistorien och de är fortfarande älskade av fans över hela världen.

Gruppen bestod av fyra talangfulla medlemmar: Agnetha Fältskog, Björn Ulvaeus, Benny Andersson och Anni-Frid Lyngstad. Deras första framträdande tillsammans var i Melodifestivalen 1973, där de framförde låten "Ring Ring". Även om de inte vann tävlingen blev det startskottet för deras framgångsrika karriär.

Året efter vann ABBA den internationella Eurovision Song Contest med låten "Waterloo", vilket gav dem internationell erkännande och popularitet. Därefter följde en rad hits som "Dancing Queen", "Mamma Mia" och "Take a Chance on Me", som alla nådde toppen av musiklistorna runt om i världen.

ABBA:s musik var känd för sina catchiga melodier, starka refränger och välgjorda arrangemang. Deras sånger hade en unik förmåga att fånga lyssnarens uppmärksamhet och skapa en känsla av glädje och energi.

Gruppens scenkläder och stil blev också kända för sin extravagans och unikhet. Deras karakteristiska kläder och färgglada utstyrslar blev ett signum för gruppen och har inspirerat modevärlden sedan dess.

ABBA - THE LEGENDARY SWEDISH POP GROUP THAT CONQUERED THE WORLD

ABBA is an iconic Swedish pop group that was formed in Stockholm in 1972. With their irresistible melodies, fantastic harmonies, and unique stage outfits, they not only conquered Sweden but the world as well. Their music and style have left a lasting impact on music history, and they are still adored by fans all around the globe.

The group consisted of four talented members: Agnetha Fältskog, Björn Ulvaeus, Benny Andersson, and Anni-Frid Lyngstad. Their first appearance together was in the Melodifestivalen 1973, where they performed the song "Ring Ring." Although they didn't win the competition, it marked the beginning of their successful career.

The following year, ABBA won the international Eurovision Song Contest with the song "Waterloo," which brought them international recognition and popularity. This was followed by a series of hits like "Dancing Queen," "Mamma Mia," and "Take a Chance on Me," all of which topped music charts around the world.

ABBA's music was known for its catchy melodies, strong choruses, and well-crafted arrangements. Their songs had a unique ability to capture the listener's attention and create a sense of joy and energy.

The group's stage outfits and style also became famous for their extravagance and uniqueness. Their distinctive clothing and colorful attire became a trademark for the group and have continued to inspire the fashion world ever since.

ABBA blev snabbt en global sensation och turnerade över hela världen. Deras framträdanden var kända för att vara spektakulära och fulla av glädje, och deras konserter lockade publik i alla åldrar.

Under 1980-talet valde gruppen att gå skilda vägar, men deras musik lever vidare och fortsätter att vara en viktig del av popkulturen. Deras låtar har använts i filmer, musikaler och reklamfilmer och deras inflytande på musikvärlden är fortsatt starkt.

År 2018 återförenades ABBA för att spela in nya låtar och skapade en virtuell konsertupplevelse där deras digitala avatarer framförde deras klassiker. Detta bevisade att deras musik och magi fortfarande har en tidlös appell och fortsätter att nå nya generationer av musikälskare.

ABBA:s framgångssaga har cementerat dem som en av världens mest älskade popgrupper genom tiderna. Deras musik är en hyllning till glädjen, kärleken och livets enkla nöjen och deras arv kommer att leva vidare i musikhistorien för alltid.

ABBA quickly became a global sensation and toured all over the world. Their performances were known to be spectacular and filled with joy, attracting audiences of all ages.

During the 1980s, the group decided to part ways, but their music lives on and continues to be an essential part of pop culture. Their songs have been used in films, musicals, and commercials, and their influence on the music world remains strong.

In 2018, ABBA reunited to record new songs and created a virtual concert experience where their digital avatars performed their classics. This proved that their music and magic still have a timeless appeal and continue to reach new generations of music lovers.

ABBA's success story has cemented them as one of the world's most beloved pop groups of all time. Their music is a celebration of joy, love, and life's simple pleasures, and their legacy will live on in music history forever.

Oemotståndlig - Irresistible
Scenkläder - Stage outfits
Erövrade - Conquered
Framträdande - Appearance
Förtrollade - Enchanted
Återförenades - Reunited
Skafta - Part ways

SVENSKA LAPPLAND - ETT VINTERÄVENTYR I NORR

Svenska Lappland är en magisk region som sträcker sig över den norra delen av Sverige. Detta vinterlandskap bjuder på enastående natursköna vyer, en rik kultur och ett överflöd av vinteraktiviteter som lockar resenärer från när och fjärran.

Med sitt arktiska klimat och snöklädda landskap blir Svenska Lappland ett sagolikt vinteräventyr. Här kan besökare uppleva den unika polarnatten, då solen inte går upp under vissa tider på året, vilket ger möjlighet att bevittna norrskenets dansande ljus över himlen.

Lappland är även hem för Sveriges urfolk, samerna, vars rika kultur och traditioner har överlevt i generationer. Samisk kultur är närvarande i regionen och ger besökare en inblick i deras sätt att leva och överleva i den hårda vintermiljön.

För den äventyrslystne finns det gott om aktiviteter att utforska. Hundspannsturer genom snötäckta skogar och över frusna sjöar ger en autentisk och spännande upplevelse. Snöskoteräventyr tar besökare djupt in i vildmarken och ger möjlighet att se den orörda naturen på nära håll.

Svenska Lappland erbjuder också en unik möjlighet att komma nära renar, som är en viktig del av samisk kultur och historia. Besökare kan delta i renflockar, mata renarna och lära sig mer om deras betydelse för samernas traditionella levnadssätt.

SWEDISH LAPLAND - A WINTER ADVENTURE IN THE NORTH

Swedish Lapland is a magical region that stretches across the northern part of Sweden. This winter wonderland offers breathtaking scenic views, a rich culture, and an abundance of winter activities that attract travelers from near and far.

With its Arctic climate and snow-covered landscapes, Swedish Lapland becomes a fairy-tale winter adventure. Here, visitors can experience the unique polar night, when the sun does not rise during certain times of the year, providing an opportunity to witness the dancing lights of the Northern Lights across the sky.

Lapland is also home to Sweden's indigenous people, the Sámi, whose rich culture and traditions have survived for generations. Sámi culture is present in the region and gives visitors an insight into their way of life and survival in the harsh winter environment.

For the adventurous, there are plenty of activities to explore. Dog sledding through snow-covered forests and across frozen lakes offers an authentic and thrilling experience. Snowmobile adventures take visitors deep into the wilderness, providing an opportunity to see the untouched nature up close.

Swedish Lapland also offers a unique chance to get close to reindeer, which are an essential part of Sámi culture and history. Visitors can join reindeer herds, feed the reindeer, and learn more about their significance to the Sámi's traditional way of life.

För den som vill utforska det vackra landskapet till fots, finns det välmarkerade vandringsleder och skidspår som tar besökare genom snötäckta fjäll och skogar. Detta ger en fridfull och avkopplande upplevelse i naturen.

Ett besök i Svenska Lappland är inte komplett utan att smaka på den traditionella samiska maten. Delikatesser som torkat renkött, rökt fisk och färska bär ger en smakupplevelse som är unik för regionen.

Under vintern är Svenska Lappland även ett utmärkt ställe för att bevittna det unika norrskenet. När natten är som mörkast, dansar de gröna och lila ljusen över himlen och skapar en förtrollande upplevelse.

För de som är intresserade av samisk kultur och historia finns det flera museer och besökscenter som ger en inblick i samernas livsstil och traditioner.

Sammanfattningsvis är Svenska Lappland en vinterdröm för äventyrslystna och naturälskare. Här kan man uppleva den unika polarnatten, utforska den orörda naturen och lära sig om den rika samiska kulturen. Det är en plats som erbjuder oförglömliga upplevelser och minnen för alla som besöker detta vackra vinterland.

For those who want to explore the beautiful landscape on foot, there are well-marked hiking trails and ski tracks that take visitors through snow-covered mountains and forests. This provides a peaceful and relaxing experience in nature.

A visit to Swedish Lapland is not complete without tasting the traditional Sámi food. Delicacies such as dried reindeer meat, smoked fish, and fresh berries offer a taste experience unique to the region.

During the winter, Swedish Lapland is also an excellent place to witness the unique Northern Lights. When the night is darkest, the green and purple lights dance across the sky, creating an enchanting experience.

For those interested in Sámi culture and history, there are several museums and visitor centers that provide insight into the Sámi's way of life and traditions.

In conclusion, Swedish Lapland is a winter dream for the adventurous and nature lovers. Here, one can experience the unique polar night, explore the untouched nature, and learn about the rich Sámi culture. It is a place that offers unforgettable experiences and memories for all who visit this beautiful winter land.

Sagolikt - Fairytale-like
Norrskenet - Northern Lights
Torkat - Dried
Orörda - Untouched
Skafta - Complete

SVENSK MATKULTUR - EN SMAKRESA GENOM SVERIGE

Svensk matkultur är en unik blandning av traditionella rätter och moderna kulinariska influenser. Med sitt rika utbud av lokala råvaror och recept som har förts vidare från generation till generation, erbjuder svensk mat en smakresa genom hela landet.

En av de mest kända och älskade traditionella rätterna är köttbullar med potatismos, serverade med lingonsylt. Denna klassiska kombination av smaker är en symbol för svensk husmanskost och har blivit populär internationellt.

En annan traditionell rätt som är typisk för den svenska sommaren är sill. Sill serveras i olika varianter och smaker, inklusive inlagd sill, löksill och senapssill. Denna rätt är ett vanligt inslag på de svenska midsommarborden.

Fisk och skaldjur spelar en stor roll i svensk matkultur, med tanke på det långa kustlandet. Gravad lax, en läckerhet av lax som marinerats i socker, salt och dill, är en favorit både bland svenskar och utländska besökare.

Även om köttbullar och sill är några av de mest kända traditionella rätterna, har svensk matkultur utvecklats och förnyats över tid. I dag kan man hitta ett brett utbud av restauranger som erbjuder internationell matlagning, fusionrätter och innovativa smakkombinationer.

Svensk matkultur omfattar också en mängd olika sötsaker och bakverk. En av de mest populära efterrätterna är kladdkaka, en kladdig och chokladig kaka som serveras med vispad grädde.

SWEDISH CUISINE - A CULINARY JOURNEY THROUGH SWEDEN

Swedish cuisine is a unique blend of traditional dishes and modern culinary influences. With its rich variety of local ingredients and recipes passed down from generation to generation, Swedish food offers a culinary journey through the entire country.

One of the most famous and beloved traditional dishes is meatballs with mashed potatoes, served with lingonberry jam. This classic combination of flavors is a symbol of Swedish home cooking and has become popular internationally.

Another traditional dish typical of the Swedish summer is herring. Herring is served in various varieties and flavors, including pickled herring, onion herring, and mustard herring. This dish is a common feature on Swedish midsummer tables.

Fish and seafood play a significant role in Swedish cuisine, considering the country's long coastline. Gravlax, a delicacy of salmon marinated in sugar, salt, and dill, is a favorite among both Swedes and foreign visitors.

Although meatballs and herring are some of the most well-known traditional dishes, Swedish cuisine has evolved and been renewed over time. Today, you can find a wide range of restaurants offering international cuisine, fusion dishes, and innovative flavor combinations.

Swedish cuisine also includes a variety of sweets and pastries. One of the most popular desserts is kladdkaka, a gooey and chocolaty cake served with whipped cream.

Semlor är en annan älskad sötsak, speciellt under
fettisdagen. Dessa är gräddbullar med mandelmassa som
är ett måste för många svenskar.

En unik tradition i svensk matkultur är "fika", en social
aktivitet där man träffas över en kopp kaffe och något sött
att äta. Fika är en viktig del av den svenska vardagen och
ger människor möjlighet att koppla av och umgås.

Svensk matkultur är också starkt kopplad till årstiderna.
Under sommaren är det vanligt att njuta av en picknick i det
gröna med smörgåsar, bär och kanske en jordgubbstårta.
På vintern är det populärt med mustiga grytor och soppor
som värmer i kylan.

En annan viktig del av svensk matkultur är att fira högtider
och traditioner med mat. Julbordet, med sina olika sorters
sill, julskinka, prinskorv och saffransbröd, är en speciell
tradition under julen.

Sammanfattningsvis erbjuder svensk matkultur en bred
variation av smaker och rätter som speglar landets unika
geografiska och kulturella arv. Det är en smakresa genom
hela Sverige som ger en inblick i landets matkulturella
mångfald och traditioner.

Semlor is another beloved sweet, especially during Shrove Tuesday. These are cream-filled buns with almond paste that are a must for many Swedes.

A unique tradition in Swedish cuisine is "fika," a social activity where people meet over a cup of coffee and something sweet to eat. Fika is an essential part of everyday Swedish life, providing people with a chance to relax and socialize.

Swedish cuisine is also closely linked to the seasons. During the summer, it is common to enjoy picnics with sandwiches, berries, and perhaps a strawberry cake. In winter, hearty stews and soups are popular, providing warmth in the cold.

Another important aspect of Swedish cuisine is celebrating holidays and traditions with food. The Christmas buffet, with its various types of herring, Christmas ham, cocktail sausages, and saffron buns, is a special tradition during the holiday season.

In conclusion, Swedish cuisine offers a wide variety of flavors and dishes that reflect the country's unique geographical and cultural heritage. It is a culinary journey through Sweden that provides an insight into the country's culinary diversity and traditions.

Smakresa - Culinary journey
Husmanskost - Home cooking
Lingonsylt - Lingonberry jam
Sill - Herring   Jordgubbstårta - Strawberry cake
Inlagd - Pickled   Prinskorv - Cocktail sausages
Sötsaker - Sweets   Saffransbröd - Saffron buns
Kladdkaka - Gooey chocolate cake
Fika - Swedish coffee break with something sweet
Fettisdagen - Shrove Tuesday

GRAVLAX - EN DELIKATESS FRÅN SVENSK MATKULTUR

Gravlax är en utsökt skandinavisk delikatess, särskilt förknippad med svensk matkultur. Denna läckerhet av gravad lax är en perfekt balans mellan salt, sötma och örtiga smaker. Att tillaga gravlax är relativt enkelt, och resultatet blir en smakrik rätt som passar perfekt till många tillfällen.

För att göra gravlax behöver du färsk laxfilé av hög kvalitet. Börja med att göra en kryddblandning av grovt salt, socker och nymald vitpeppar. Tillsätt även färsk dill, som ger en härlig örtig smak till laxen. Blanda kryddorna väl och lägg ut en del av blandningen i en form.

Lägg laxfilén med skinnsidan nedåt i formen och täck laxen med resten av kryddblandningen. Se till att laxen är helt täckt av kryddorna. Täck formen med plastfolie och lägg en lätt tyngd, som en tallrik med något tungt på, ovanpå laxen. Detta hjälper till att pressa ut överflödig vätska från laxen.

Nu kommer den viktiga delen - låt laxen stå i kylskåpet i cirka 2-3 dagar för att gravas. Under den tiden kommer kryddorna att tränga in i laxen och ge den dess karakteristiska smak. Vänd laxfilén några gånger under gravningstiden för att se till att kryddorna fördelas jämnt.

När gravlaxen är klar tas den ut ur kylskåpet och kryddorna avlägsnas försiktigt. Skär laxen i tunna skivor med en vass kniv, helst i en sned vinkel för att få fina skivor. Gravlaxen är nu redo att serveras och kan njutas som en delikat förrätt eller som en huvudrätt tillsammans med olika tillbehör.

GRAVLAX - A DELICACY FROM SWEDISH CUISINE

Gravlax is an exquisite Scandinavian delicacy, particularly associated with Swedish cuisine. This delicacy of cured salmon is a perfect balance of salty, sweet, and herbal flavors. Making gravlax is relatively simple, and the result is a flavorful dish that is perfect for many occasions.

To make gravlax, you will need fresh, high-quality salmon fillet. Start by preparing a seasoning blend of coarse salt, sugar, and freshly ground white pepper. Add fresh dill, which imparts a lovely herbal flavor to the salmon. Mix the spices well and spread a portion of the blend in a dish.

Place the salmon fillet skin-side down in the dish and cover the salmon with the rest of the seasoning blend. Ensure that the salmon is fully covered with the spices. Cover the dish with plastic wrap and place a light weight, such as a plate with something heavy on top, over the salmon. This will help press out excess liquid from the salmon.

Now comes the crucial part - let the salmon cure in the refrigerator for about 2-3 days. During this time, the spices will penetrate the salmon and give it its characteristic flavor. Turn the salmon fillet a few times during the curing time to ensure that the spices are evenly distributed.

Once the gravlax is ready, remove it from the refrigerator and carefully remove the spices. Slice the salmon thinly with a sharp knife, preferably at an angle to get beautiful slices. The gravlax is now ready to be served and can be enjoyed as a delightful appetizer or as a main course along with various accompaniments.

Gravlax är ljuvligt gott att äta tillsammans med hovmästarsås, en traditionell sås gjord på senap, socker, ättika och olja. Det är också vanligt att servera gravlax med hembakat tunnbröd eller knäckebröd. Tillbehör som sallad, inlagd lök, och kapris kompletterar smakupplevelsen och ger en härlig balans mellan sältan i laxen och de friska smakerna i tillbehören.

Gravlax är inte bara ett populärt inslag på svenska julbord, utan det är en uppskattad delikatess året runt. Det är en smakrik och festlig rätt som ger en känsla av lyx och njutning. Så nästa gång du vill imponera på dina gäster eller bara unna dig något extra gott, prova att göra gravlax - du kommer inte att bli besviken!

Gravlax is deliciously enjoyable with hovmästarsås, a traditional sauce made from mustard, sugar, vinegar, and oil. It is also common to serve gravlax with homemade flatbread or crispbread. Accompaniments such as salad, pickled onions, and capers complement the flavor experience and provide a lovely balance between the saltiness of the salmon and the fresh flavors of the accompaniments.

Gravlax is not only a popular feature on Swedish Christmas buffets but is an appreciated delicacy all year round. It is a flavorful and festive dish that offers a sense of luxury and indulgence. So, the next time you want to impress your guests or simply treat yourself to something extra delicious, try making gravlax - you won't be disappointed!

Utsökt - Exquisite
Kryddblandning - Seasoning blend
Nymald - Freshly ground
Hovmästarsås - Mustard sauce (often served with gravlax)
Tunnbröd - Flatbread
Knäckebröd - Crispbread
Tillbehör - Accompaniments

SURSTRÖMMING - EN STARKT DOFTANDE DELIKATESS FRÅN NORR

Surströmming är en unik svensk delikatess med anor från norra Sverige. Denna konserverade fiskrätt har en stark och karakteristisk doft, vilket ger den en speciell plats i svensk matkultur. Att tillverka surströmming är en konst i sig, och denna traditionella process ger fiskrätten dess unika smak och arom.

För att göra surströmming börjar man med färsk sill som fångas under våren. Dessa sillar placeras i träfat och tillsätts en stor mängd salt för att börja jäsningsprocessen. Träfaten täcks sedan med lock och får jäsa i flera månader. Under jäsningen frigörs gaser som ger fisken dess karakteristiska bubbliga utseende.

Efter flera månaders jäsning är surströmmingen färdig att konsumeras. När man öppnar burken eller träfaten kommer den starka doften att slå emot en, vilket är en av de mest utmanande delarna med att äta surströmming. För att minska doften kan man öppna burken under vatten.

Traditionellt äts surströmming tillsammans med olika tillbehör som kompletterar smaken och balanserar den kraftiga doften. De vanligaste tillbehören inkluderar tunnbröd, gräddfil, kokt potatis, hackad lök och smör. Gräddfilen ger en krämig kontrast till den syrliga fisken, medan potatisen ger en mättande bas till måltiden.

För den äventyrlige finns det möjlighet att äta surströmming på ett annorlunda sätt, nämligen som "surströmmingsklämma".

SURSTRÖMMING - A STRONGLY AROMATIC DELICACY FROM THE NORTH

Surströmming is a unique Swedish delicacy with roots in northern Sweden. This fermented fish dish has a strong and distinctive aroma, which gives it a special place in Swedish cuisine. Making surströmming is an art in itself, and this traditional process imparts the fish dish with its unique taste and fragrance.

To make surströmming, fresh herring is used, caught during the spring season. These herrings are placed in wooden barrels and a large amount of salt is added to initiate the fermentation process. The wooden barrels are then covered and allowed to ferment for several months. During fermentation, gases are released, giving the fish its characteristic bubbly appearance.

After several months of fermentation, surströmming is ready to be consumed. When opening the can or wooden barrel, the strong smell will hit you, which is one of the most challenging parts of eating surströmming. To reduce the odor, one can open the can under water.

Traditionally, surströmming is eaten with various accompaniments that complement the flavor and balance the strong aroma. The most common accompaniments include thin bread, sour cream, boiled potatoes, chopped onions, and butter. The sour cream provides a creamy contrast to the tangy fish, while the potatoes offer a filling base for the meal.

For the adventurous, there is an opportunity to eat surströmming in a different way, known as "surströmmingsklämma" or surströmming sandwich.

Detta innebär att man lägger ett lager av tunnbröd på tallriken, sedan lägger man en bit surströmming och toppar det med ytterligare ett lager av tunnbröd. Därefter trycker man försiktigt ihop "klämman" för att få en komplett smakupplevelse i varje tugga.

Surströmming är en rätt som uppskattas särskilt under sensommaren och hösten, när den traditionellt äts tillsammans med familj och vänner vid speciella tillfällen och fester. Att äta surströmming har också blivit en social tradition där människor samlas för att njuta av den unika maträtten och dela sina upplevelser.

Trots den starka doften är surströmming en älskad delikatess bland många svenskar och har även fått uppmärksamhet utanför Sveriges gränser. Det är en rätt som representerar den norrländska matkulturen och är ett exempel på hur svensk mat kan vara både unik och utmanande för den ovane.

This involves placing a layer of thin bread on the plate, then adding a piece of surströmming and topping it with another layer of thin bread. Then, gently pressing together the "sandwich" to create a complete flavor experience in every bite.

Surströmming is a dish especially enjoyed during late summer and autumn, when it is traditionally eaten with family and friends at special occasions and gatherings. Eating surströmming has also become a social tradition where people come together to enjoy the unique dish and share their experiences.

Despite its strong aroma, surströmming is a beloved delicacy among many Swedes and has also gained attention outside Sweden's borders. It represents the culinary culture of northern Sweden and serves as an example of how Swedish cuisine can be both unique and challenging for the uninitiated.

Surströmming - Fermented herring
Norrland - Northern Sweden
Jäsning - Fermentation
Bubbliga - Bubbly
Tunna - Barrels
Mättande - Filling
Ovane - Uninitiated
Sensommaren - Late summer
Omsorgsfullt - Carefully
Uppskattas - Appreciated

ÄLG - SKOGENS MAJESTÄTISKA DJUR

Älgen är ett av de mest ikoniska djuren i den svenska naturen och representerar skogens majestätiska karaktär. Med sina ståtliga horn och imponerande storlek är älgen en symbol för vildmarken och det vilda livet i Sverige.

Älgen är Europas största hjortdjur och kan väga upp till 600 kg och nå en höjd på över två meter vid mankhöjden. Dess kraftfulla kropp och robusta ben gör det till en imponerande syn när den rör sig genom skogarna.

Älgen trivs i olika typer av miljöer, inklusive skogar, myrar och fjällområden. Den är en utmärkt simmare och kan korsa breda vattendrag utan problem. Dess förmåga att anpassa sig till olika livsmiljöer har gjort älgen till en framgångsrik art i den svenska naturen.

Under sommarmånaderna äter älgen huvudsakligen växter som gräs, blad, löv och vattenvegetation. På vintern, när maten är mer knapp, äter den bark från träd och grenar från buskar. Dessutom har älgen en speciell förmåga att hitta underjordiska växter genom att gräva i snön med sina kraftfulla hovar.

Älgen är också känd för sina imponerande horn, som bara bärs av hanarna. Hornen börjar växa på våren och kan bli upp till 1,5 meter långa. Under hösten släpper älgen sina horn och börjar om med en ny tillväxt inför nästa säsong.

Älgen har en viktig roll i den svenska ekosystemet genom att hjälpa till med spridningen av växter genom att äta frön och sprida dem med sin avföring.

MOOSE - THE MAJESTIC ANIMAL OF THE FOREST

The moose is one of the most iconic animals in the Swedish wilderness, representing the majestic character of the forests. With its stately antlers and impressive size, the moose is a symbol of the wilderness and wildlife in Sweden.

The moose is Europe's largest deer and can weigh up to 600 kg and reach a height of over two meters at the shoulder. Its powerful body and robust legs make it an impressive sight as it moves through the forests.

Moose thrive in various types of environments, including forests, marshes, and mountainous areas. They are excellent swimmers and can cross wide watercourses without difficulty. Its ability to adapt to different habitats has made the moose a successful species in the Swedish wilderness.

During the summer months, moose primarily eat plants such as grass, leaves, and water vegetation. In winter, when food is scarcer, they eat bark from trees and branches from shrubs. Additionally, moose have a special ability to find subterranean plants by digging in the snow with their powerful hooves.

Moose are also known for their impressive antlers, which are only carried by males. The antlers begin to grow in the spring and can reach up to 1.5 meters in length. During the autumn, moose shed their antlers and start a new growth for the next season.

Moose play an important role in the Swedish ecosystem by assisting in the spread of plants by eating seeds and dispersing them through their feces.

Dess närvaro påverkar också vegetationen i skogar genom att den betar på unga träd och buskar, vilket ger plats för andra växter att växa.

Älgen är ett populärt jaktbyte för många jägare i Sverige. Jakten på älg är strikt reglerad och följer särskilda säsonger och kvoter för att säkerställa en hållbar population. Älgkött är en uppskattad delikatess i svensk matkultur och används för att laga olika maträtter, särskilt under jaktsäsongen.

Att se en älgtjur stå i skogsbrynet eller en älgko med sina kalvar är en oförglömlig upplevelse och en påminnelse om den vilda och vackra naturen i Sverige. Älgen är ett värdefullt och beundrat djur som har fått en speciell plats i hjärtat hos både svenskar och besökare från hela världen.

Their presence also influences the vegetation in forests as they graze on young trees and shrubs, creating space for other plants to grow.

Moose are popular game for many hunters in Sweden. Moose hunting is strictly regulated and follows specific seasons and quotas to ensure a sustainable population. Moose meat is an appreciated delicacy in Swedish cuisine and is used to prepare various dishes, especially during the hunting season.

Seeing a bull moose standing at the forest's edge or a moose cow with her calves is an unforgettable experience and a reminder of the wild and beautiful nature in Sweden. The moose is a valuable and admired animal that has earned a special place in the hearts of both Swedes and visitors from around the world.

Mankhöjden - Shoulder height
Fjällområden - Mountainous areas
Betar - Grazes
Avföring - Feces
Jaktbyte - Game (hunting prey)
Skogsbrynet - Forest edge

UTTRAR - DE LEKFULLA VATTENDJUREN

Uttrar är charmiga och lekfulla vattendjur som har fångat människors hjärtan i många kulturer runt om i världen. Dessa smidiga djur trivs både i sötvatten och i saltvatten, och deras livliga personligheter gör dem till populära och älskade invånare i svenska vattendrag.

Uttrar har långsträckta kroppar och är anpassade för ett liv i vattnet. De har tjocka pälsar som ger dem skydd mot kyla, och deras simhud mellan tårna gör dem till utmärkta simmare. Dessutom har uttrar en kraftfull svans som fungerar som en roder när de simmar och dyker.

Uttrar är skickliga jägare och äter främst fisk, kräftdjur och groddjur. De har en unik teknik för att fånga sina byten genom att dyka ner i vattnet och jaga med hjälp av sin utmärkta syn och hörsel. Deras tättslutande öron och nosar gör det möjligt för dem att upptäcka små rörelser och ljud under vattenytan.

En av de mest charmerande aspekterna med uttrar är deras lekfulla beteende. Uttrar älskar att leka och spenderar mycket tid med att hoppa, dyka och leka kull i vattnet. Deras lekfullhet gör dem till en rolig syn att betrakta för naturälskare och besökare vid svenska vattendrag.

Uttrar är också kända för sina byggnadsfärdigheter. De bygger ofta bon nära vattenkanten, kända som "holt", där de kan söka skydd och vila. Holten har flera ingångar, vilket gör det möjligt för uttrarna att snabbt fly om det behövs.

Uttrar har en viktig roll i ekosystemet genom att bidra till balansen i fiskpopulationen.

OTTERS - THE PLAYFUL AQUATIC CREATURES

Otters are charming and playful aquatic creatures that have captured the hearts of people in many cultures around the world. These agile animals thrive in both freshwater and saltwater environments, and their lively personalities make them popular and beloved residents in Swedish waterways.

Otters have elongated bodies and are adapted for life in the water. They have thick fur that provides insulation against the cold, and their webbed toes make them excellent swimmers. Additionally, otters have a powerful tail that acts as a rudder as they swim and dive.

Otters are skilled hunters and primarily eat fish, crustaceans, and amphibians. They have a unique hunting technique, diving into the water and using their excellent vision and hearing to track their prey. Their close-fitting ears and nostrils enable them to detect small movements and sounds beneath the water's surface.

One of the most charming aspects of otters is their playful behavior. Otters love to play and spend much of their time jumping, diving, and engaging in playful activities in the water. Their playfulness makes them a delightful sight for nature enthusiasts and visitors at Swedish waterways.

Otters are also known for their building skills. They often construct dens near the water's edge, known as "holts," where they can seek shelter and rest. The holts have multiple entrances, allowing otters to escape quickly if needed.

Otters play a crucial role in the ecosystem by contributing to the balance of fish populations.

Genom att äta mindre fiskarter hjälper de till att kontrollera populationen av dessa arter, vilket är avgörande för att bibehålla en hälsosam ekologi i vattendragen.

Tyvärr har uttrar tidigare varit hotade av jakt och förlust av livsmiljöer, men tack vare bevarandeansträngningar har deras populationer återhämtat sig i många delar av Sverige. Uttrar är nu skyddade och betraktas som en symbol för en sund vildmark.

Att få en glimt av en utter som leker vid vattenbrynet är en oförglömlig upplevelse för dem som älskar naturen. Dessa lekfulla vattendjur har en särskild plats i våra hjärtan och påminner oss om den skönhet och mångfald som finns i Sveriges naturlandskap.

By consuming smaller fish species, they help control the population of these species, which is essential for maintaining a healthy ecology in waterways.

Unfortunately, otters have been threatened in the past due to hunting and loss of habitats, but thanks to conservation efforts, their populations have recovered in many parts of Sweden. Otters are now protected and considered a symbol of a thriving wilderness.

Catching a glimpse of an otter playfully frolicking at the water's edge is an unforgettable experience for nature lovers. These playful aquatic creatures hold a special place in our hearts and serve as a reminder of the beauty and diversity found in Sweden's natural landscapes.

Holt - Den (referring to an otter's den)
Roder - Rudder
Bevarandeansträngningar - Conservation efforts
Skydd - Shelter
Återhämtat - Recovered
Bevittna - Catching a glimpse of
Byggnadsfärdigheter - Building skills
Kräftdjur - Crustaceans
Skyddade - Protected
Sund - Healthy

GRÅSÄLGEN - DET HEMLIGHETSFULLA SKOGSDJURET

Gråsälen, även känd som mård eller skogsmård, är ett fascinerande och hemlighetsfullt djur som hör till familjen mårdar. Denna lilla rovdjur trivs i skogiga och bergiga områden och har fångat uppmärksamheten hos naturälskare för sin vackra päls och skygga beteende.

Gråsälen är ungefär lika stor som en katt, med en slank kropp och långa svans. Dess päls är övervägande brungrå, och den har ett karakteristiskt ljusare band över bröstet. Gråsälen har också stora, runda ögon och spetsiga öron som ger den ett uppmärksamt utseende.

Denna skygga varelse är mest aktiv under skymningen och natten, vilket gör den svår att upptäcka för de flesta människor. Gråsälen är en skicklig klättrare och kan enkelt röra sig mellan träden, vilket gör att den kan undvika faror och rovdjur på marken.

Gråsälen är ett ensamlevande djur och markerar sitt revir med hjälp av sin egen doft. Den är territoriell och kan täcka ett stort område i sin strävan efter föda, som främst består av små gnagare, fåglar, insekter och bär.

Under våren föder honan sina ungar i ett skyddande bo, oftast gömt i ett trädhål eller en bergsskreva. Efter ungefär två månader blir ungarna självständiga och börjar utforska omgivningarna på egen hand.

Gråsälar har en anmärkningsvärd förmåga att klara sig i olika livsmiljöer, från skogar och bergiga regioner till jordbrukslandskap och städer. De anpassar sig väl till förändrade omständigheter och är inte främmande för att söka skydd och mat i närheten av människor.

PINE MARTENS - THE ELUSIVE FOREST CREATURES

Pine martens, also known as martens or forest martens, are fascinating and elusive animals belonging to the marten family. This small predator thrives in wooded and mountainous areas and has captured the attention of nature enthusiasts for its beautiful fur and shy behavior.

Pine martens are about the size of a cat, with a slender body and long tail. Their fur is predominantly brownish-gray, and they have a distinctive lighter band across the chest. Pine martens also have large, round eyes and pointed ears, giving them an alert appearance.

This secretive creature is most active during twilight and the night, making it difficult for most people to spot. Pine martens are skilled climbers and can easily move between trees, enabling them to avoid dangers and predators on the ground.

Pine martens are solitary animals and mark their territory with their own scent. They are territorial and can cover a large area in search of food, which mainly consists of small rodents, birds, insects, and berries.

During spring, the female gives birth to her offspring in a protective den, often hidden in a tree hole or mountain crevice. After about two months, the young become independent and begin to explore their surroundings on their own.

Pine martens have an remarkable ability to adapt to different habitats, from forests and mountainous regions to agricultural landscapes and urban areas. They adjust well to changing circumstances and are not strangers to seeking shelter and food in proximity to humans.

I Sverige är gråsälen ett skyddat djur och det finns bevarandeprogram för att säkerställa dess överlevnad. Dessutom är gråsälen ett viktigt inslag i ekosystemet, då den hjälper till att kontrollera populationen av smågnagare och bidrar till balansen i naturen.

Att få en glimt av en gråsäl i det vilda är en sällsynt men minnesvärd upplevelse. Dess mystiska och vackra natur gör den till ett uppskattat inslag i den svenska naturen och ett bevis på den rika biologiska mångfalden i landet.

In Sweden, pine martens are protected animals, and there are conservation programs to ensure their survival. Additionally, pine martens are an important element in the ecosystem, as they help control the population of small rodents and contribute to the balance of nature.

Catching a glimpse of a pine marten in the wild is a rare but memorable experience. Its mysterious and beautiful nature makes it a cherished part of Swedish wildlife and evidence of the country's rich biological diversity.

Mård - Marten
Slank - Slender
Gnagare - Rodents
Bergsskreva - Mountain crevice
Strävan - Pursuit
Vilt - Wildlife

DEN ARKTISKA RÄVEN - EN FÖRTROLLANDE VARELSE I DEN NORDLIGA VILDMARKEN

Den arktiska räven är en fascinerande varelse som är specialiserad på att överleva i de extrema förhållandena i den nordliga vildmarken. Denna vackra och gåtfulla art har anpassat sig till ett liv i de arktiska regionerna och har utvecklat unika egenskaper för att möta de utmaningar som dessa områden erbjuder.

Den arktiska räven är något mindre än sina släktingar, de vanliga rödrävarna, och har en tjockare päls för att klara de stränga vinterförhållandena. Dess päls är i huvudsak vit för att ge den kamouflage mot den snötäckta omgivningen under vintern, medan den ändrar till en mer brun eller grå färg under sommaren.

Denna räv är känd för sin vandringsförmåga och kan färdas stora sträckor för att hitta mat. Den arktiska räven är en skicklig jägare och äter en varierad kost, inklusive smågnagare, fåglar, fisk, kadaver och bär. Dess förmåga att överleva på en bred kost gör den till en framgångsrik art i de svåra förhållandena i den arktiska miljön.

Den arktiska räven har också utvecklat förmågan att lagra mat genom att gräva ner sina överskott i marken under sommaren. Detta gör att den kan överleva under vintern när maten är knappare.

För att skydda sig mot den kalla vintern har den arktiska räven korta öron och en kort snabel för att minska värmeförlusten. Dess tassar är också håriga för att fungera som snöskor och ge bättre grepp på isiga ytor.

THE ARCTIC FOX - ENCHANTING CREATURE OF THE NORTHERN WILDERNESS

The Arctic fox is a fascinating creature specialized in surviving the extreme conditions of the northern wilderness. This beautiful and mysterious species has adapted to life in the Arctic regions and developed unique traits to meet the challenges these areas present.

The Arctic fox is slightly smaller than its relatives, the common red foxes, and possesses a thicker coat to withstand harsh winter conditions. Its fur is predominantly white, providing camouflage against the snow-covered surroundings during winter, while it changes to a more brown or gray color during summer.

This fox is renowned for its ability to migrate long distances in search of food. The Arctic fox is a skillful hunter and has a varied diet, including small rodents, birds, fish, carrion, and berries. Its ability to survive on a diverse diet makes it a successful species in the harsh conditions of the Arctic environment.

The Arctic fox has also developed the ability to store food by burying its surplus in the ground during summer. This allows it to survive through the winter when food is scarce.

To protect itself from the cold winter, the Arctic fox has short ears and a short snout to minimize heat loss. Its paws are also hairy, serving as snowshoes and providing better traction on icy surfaces.

Som en anpassning till det långa och mörka vintermånaderna har den arktiska räven en mycket rik kommunikation med ett brett utbud av olika läten. Den kan skälla, yla, morra och fräsa för att uttrycka känslor och kommunicera med sina artfränder.

Den arktiska räven är även känd för sin förmåga att ändra pälsfärg beroende på årstid, vilket gör att den smälter in i sin omgivning och undviker att bli upptäckt av rovdjur och människor.

Tyvärr har den arktiska räven varit hotad på grund av jakt och klimatförändringar som påverkar dess livsmiljö. I Sverige är den arktiska räven ett skyddat djur, och det finns insatser för att skydda dess habitat och främja dess överlevnad.

Att se en arktisk räv i det vilda är en sällsynt men oförglömlig upplevelse. Dess elegans och anpassningsförmåga gör den till en förtrollande varelse i den nordliga vildmarken och ett symboliskt inslag i den arktiska naturen.

As an adaptation to the long and dark winter months, the Arctic fox communicates extensively through various sounds. It can bark, howl, growl, and hiss to express emotions and communicate with its fellow species.

The Arctic fox is also famous for its ability to change fur color depending on the season, allowing it to blend into its environment and avoid detection by predators and humans.

Unfortunately, the Arctic fox has been threatened due to hunting and climate change affecting its habitat. In Sweden, the Arctic fox is a protected animal, and efforts are in place to preserve its habitat and promote its survival.

Observing an Arctic fox in the wild is a rare but unforgettable experience. Its elegance and adaptability make it an enchanting creature of the northern wilderness and a symbolic element of the Arctic nature.

Vandringsförmåga - Migratory ability
Tassar - Paws
Skälla - Bark
Yla - Howl
Morra - Growl
Fräsa - Hiss
Rovdjur - Predators
Insatser - Efforts
Överskott - Surplus
Läten - Sounds
Klimatförändringar - Climate change

LODJUR - MYSTISKA VILDKATTER I SKANDINAVISK NATUR

Lodjuret är en fascinerande vildkatt som är en symbol för skandinavisk vildmark. Denna gåtfulla art är känd för sin elegans och sitt spännande beteende i de nordiska skogarna. Med sin tuffa yttre och smidiga rörelser har lodjuret länge lockat till sig intresse och beundran från naturälskare.

Lodjuret är något större än en vanlig katt, med en kraftfull kropp och ett brett huvud. Dess päls har ett vackert fläckmönster som fungerar som en effektiv kamouflage i skogen. Färgen på pälsen varierar beroende på årstid, och lodjuret har en tjock, svart tofs vid sina karakteristiska spetsiga öron.

Det är en skicklig jägare och har anpassat sig för att jaga både på dagen och natten. Lodjuret har enastående sinnen, inklusive en utmärkt syn och hörsel, vilket gör det till en effektiv predator. Dess kraftiga ben och smidiga rörelser möjliggör smygande och snabba attacker på byten.

Lodjuret livnär sig främst på småvilt som hare, rådjur och fåglar, men den har också visat sig vara kapabel att ta större djur när det behövs. Det är vanligt att lodjur spårar och jagar sina byten över stora avstånd, vilket gör det till en utmanande uppgift för sina offer att undkomma.

Som en skygg och ensamlevande art är lodjuret mycket svårt att upptäcka i det vilda. Det är mest aktivt under skymningen och natten och undviker vanligtvis mänskliga möten. Lodjuret är också känt för sitt territoriella beteende och markerar sitt revir med hjälp av sitt urin och klor.

LYNX - MYSTERIOUS WILD CATS IN SCANDINAVIAN NATURE

The lynx is a fascinating wild cat that serves as a symbol of Scandinavian wilderness. This enigmatic species is renowned for its elegance and intriguing behavior in the Nordic forests. With its robust appearance and graceful movements, the lynx has long attracted interest and admiration from nature enthusiasts.

The lynx is slightly larger than a common house cat, with a powerful body and a broad head. Its fur has a beautiful spotted pattern that serves as effective camouflage in the forest. The color of its coat varies depending on the season, and the lynx has a thick, black tuft at its distinctive pointed ears.

It is a skillful hunter and has adapted to hunt both during the day and at night. The lynx possesses exceptional senses, including excellent vision and hearing, which make it an efficient predator. Its strong legs and agile movements allow for stealthy and swift attacks on prey.

The lynx primarily feeds on small game such as hares, deer, and birds, but it has also shown the capability to take larger animals when necessary. It is common for lynxes to track and pursue their prey over long distances, making it a challenging task for their targets to escape.

As a shy and solitary species, the lynx is highly elusive in the wild. It is most active during twilight and nighttime, and typically avoids human encounters. The lynx is also known for its territorial behavior and marks its territory using urine and claws.

Lodjuret har en särskild plats i den skandinaviska kulturen och har varit en symbol för styrka och mystik. Dess närvaro i de nordiska skogarna har inspirerat till sagor, legender och konstverk som hyllar dess majestätiska natur.

I Sverige är lodjuret ett skyddat djur, och det genomförs bevarandeprogram för att skydda dess livsmiljöer och främja dess överlevnad. Bevarandeansträngningarna är viktiga för att bevara den skandinaviska vildmarkens rika biologiska mångfald och säkerställa att dessa majestätiska vildkatter kan fortsätta att vandra genom våra skogar.

Att få en sällsynt glimt av ett lodjur i det vilda är en minnesvärd upplevelse. Dess naturliga skönhet och gåtfulla beteende gör lodjuret till en älskad symbol för den skandinaviska naturen.

The lynx holds a special place in Scandinavian culture and has been a symbol of strength and mystery. Its presence in the Nordic forests has inspired tales, legends, and artworks that celebrate its majestic nature.

In Sweden, the lynx is a protected animal, and conservation programs are implemented to safeguard its habitats and promote its survival. Conservation efforts are crucial to preserving the rich biodiversity of Scandinavian wilderness and ensuring that these majestic wild cats continue to roam through our forests.

Catching a rare glimpse of a lynx in the wild is a memorable experience. Its natural beauty and enigmatic behavior make the lynx a cherished symbol of Scandinavian nature.

Lodjur - Lynx
Fläckmönster - Spotted pattern
Tofs - Tuft
Revir - Territory
Skymning - Twilight
Beundran - Admiration
Ensamlevande - Solitary
Genomförs - Implemented

RENEN - SYMBOL FÖR NORRA SKANDINAVIENS VILDA NATUR

Renen är en ikonisk och majestätisk symbol för norra Skandinaviens vilda natur. Denna fantastiska art har anpassat sig för att leva i de extrema förhållandena i den arktiska regionen och har en djup förankring i den nordiska kulturen och historien.

Renen är ett stort hjortdjur, med en kraftig kropp och stora horn både på hanar och honor. Dess päls är tjock och isolerande, vilket gör det möjligt för renen att klara de kalla vintermånaderna i norra Skandinavien.

Det är ett vandrande djur och följer gamla vandringsleder kända som renleder. Under sommaren söker renarna sig upp mot de mer höglänta områdena för att beta på gröna växter och under vintern rör de sig ner mot låglänta områden där de gräver efter lav och lavfjäll.

Renen är en viktig del av den nordiska kulturen och har spelat en central roll i livet för de ursprungliga samiska folken som lever i området. Renen har erbjudit allt från kött till skinn och horn som används för olika ändamål, inklusive traditionell samisk hantverk.

I dag är rennäringen fortfarande en betydande del av den nordiska ekonomin och har stor betydelse för de samiska folken. Dessutom lockar renen turister från när och fjärran som vill uppleva den enastående skönheten och den unika kulturen i norra Skandinavien.

REINDEER - SYMBOL OF NORTHERN SCANDINAVIA'S WILD NATURE

The reindeer is an iconic and majestic symbol of the wild nature of Northern Scandinavia. This magnificent species has adapted to live in the extreme conditions of the Arctic region and has deep roots in Nordic culture and history.

The reindeer is a large deer, with a robust body and large antlers in both males and females. Its fur is thick and insulating, allowing the reindeer to endure the cold winter months in Northern Scandinavia.

It is a migratory animal and follows ancient migration routes known as reindeer trails. During summer, the reindeer ascend to more elevated areas to graze on green plants, and during winter, they move down to low-lying areas, digging for lichens and lichen mats.

The reindeer holds significant importance in Nordic culture and has played a central role in the lives of the indigenous Sámi people living in the area. Reindeer have provided everything from meat to skin and antlers, which are used for various purposes, including traditional Sámi crafts.

Today, reindeer husbandry remains a substantial part of the Nordic economy and is of great significance to the Sámi people. Additionally, reindeer attract tourists from near and far who wish to experience the exceptional beauty and unique culture of Northern Scandinavia.

Rennäringen är väl reglerad för att skydda den känsliga ekosystemet i den arktiska regionen och för att säkerställa att renarna har tillräckligt med bete och för att undvika överexploatering.

Att se en flock renar vandra genom det snötäckta landskapet är en magisk upplevelse som berör många människors hjärtan. Renen representerar kraft, uthållighet och överlevnad, och dess närvaro är ett värdefullt inslag i den nordiska naturen.

Som ett symboliskt djur för norra Skandinavien hyllas renen genom sagor, sånger och konstverk. Dess naturliga skönhet och kraft har fångat uppmärksamheten hos människor i generationer och kommer fortsätta vara en viktig del av norra Skandinaviens identitet och arv.

Reindeer husbandry is well-regulated to protect the delicate Arctic ecosystem and ensure that reindeer have sufficient grazing and to avoid overexploitation.

Seeing a herd of reindeer wandering through the snow-covered landscape is a magical experience that touches the hearts of many. The reindeer symbolizes strength, endurance, and survival, and its presence is a valuable element of Nordic nature.

As a symbolic animal for Northern Scandinavia, reindeer are celebrated through sagas, songs, and artworks. Its natural beauty and power have captured the attention of people for generations and will continue to be an integral part of Northern Scandinavia's identity and heritage.

Vandrande - Migratory
Renleder - Reindeer trails
Hantverk - Crafts
Uthållighet - Endurance
Hjortdjur - Deer
Betesmark - Grazing land
Snötäckt - Snow-covered
Betona - Emphasize

BRON - EN NYSKAPANDE TV-SERIE SOM KORSAR GRÄNSER

"Bron" är en nyskapande svensk-dansk TV-serie som först sändes år 2011. Den blev snabbt en internationell succé och fångade tittares intresse runt om i världen. Serien är en kriminaldrama-thriller som utspelar sig i gränsområdet mellan Sverige och Danmark.

Handlingen börjar med ett makabert fynd - en kropp hittas mitt på Öresundsbron, som länkar samman de två länderna. Det visar sig vara en kroppshalva från varje land, vilket leder till en unik och komplex mordutredning.

Två kriminalinspektörer utses att leda utredningen: den svenska Saga Norén, spelad av Sofia Helin, och den danska Martin Rohde, spelad av Kim Bodnia. Saga är en strukturerad och analytisk polis med Aspergers syndrom, medan Martin är en mer erfaren och intuitiv detektiv.

Det som gör "Bron" så unik är inte bara dess spännande intriger utan också dess skildring av huvudpersonerna och deras personliga utmaningar. Serien utforskar deras komplexa relation och hur de lär sig att samarbeta trots deras olika personligheter och arbetsstilar.

"Bron" har hyllats för sin realistiska och tätvävda berättelse, starka skådespelarprestationer och imponerande produktion. Dess tema om gränsöverskridande brott och samarbete mellan olika nationer har gjort den till en kritikerfavorit.

THE BRIDGE - AN INNOVATIVE TV SERIES CROSSING BORDERS

"The Bridge" is an innovative Swedish-Danish TV series that first aired in 2011. It quickly became an international success and captured the interest of viewers around the world. The series is a crime drama thriller set in the border area between Sweden and Denmark.

The story begins with a gruesome discovery - a body is found in the middle of the Øresund Bridge, which connects the two countries. It turns out to be a half of a body from each country, leading to a unique and complex murder investigation.

Two detectives are assigned to lead the investigation: Swedish detective Saga Norén, played by Sofia Helin, and Danish detective Martin Rohde, played by Kim Bodnia. Saga is a structured and analytical police officer with Asperger's syndrome, while Martin is a more experienced and intuitive detective.

What makes "The Bridge" so unique is not only its thrilling plot but also its portrayal of the main characters and their personal challenges. The series explores their complex relationship and how they learn to cooperate despite their different personalities and working styles.

"The Bridge" has been praised for its realistic and intricately woven storyline, strong acting performances, and impressive production. Its theme of cross-border crime and collaboration between different nations has made it a favorite among critics.

Serien har inte bara vunnit priser och utmärkelser utan har också haft en stor påverkan på den skandinaviska TV-industrin. Den har öppnat dörrar för fler internationella samproduktioner och visat att skandinaviska TV-serier kan vara framgångsrika på den globala marknaden.

"Bron" har inspirerat till remaker i andra länder, som den amerikansk-mexikanska versionen "The Bridge", vilket visar dess internationella genomslag och betydelse.

Efter fyra säsonger avslutades "Bron" år 2018. Även om serien inte längre är i produktion fortsätter dess arv att leva vidare genom dess lojala fans och dess status som en av de mest hyllade skandinaviska TV-serierna genom tiderna.

The series has not only won awards and accolades but also had a significant impact on the Scandinavian TV industry. It has opened doors for more international co-productions and demonstrated that Scandinavian TV series can be successful in the global market.

"The Bridge" has inspired remakes in other countries, such as the American-Mexican version "The Bridge," showcasing its international influence and significance.

After four seasons, "The Bridge" concluded in 2018. Although the series is no longer in production, its legacy continues to live on through its loyal fans and its status as one of the most acclaimed Scandinavian TV series of all time.

Makabert - Gruesome
Kroppshalva - Half of a body
Mordutredning - Murder investigation
Tätvävd - Intricately woven
Skådespelarprestationer - Acting performances
Samproduktioner - Co-productions
Genomslag - Impact
Intriger - Plots
Utses - Assigned

ÖKNING AV VÅLDTÄKTER I SVERIGE - EN OROANDE TREND SOM KRÄVER ÅTGÄRDER

Under de senaste åren har Sverige sett en oroande ökning av våldtäkter, vilket har väckt allvarlig uppmärksamhet och oro i samhället. Denna alarmerande trend kräver åtgärder och samarbete för att säkerställa trygghet och säkerhet för alla medborgare.

Enligt statistik från Brottsförebyggande rådet (Brå) har antalet anmälda våldtäkter ökat stadigt under de senaste åren. Detta har gett upphov till frågor om vilka faktorer som kan ligga bakom denna ökning och vad som kan göras för att motverka den.

En av de faktorer som tros bidra till den ökade rapporteringen av våldtäkter är en ökad medvetenhet och uppmärksamhet kring sexualbrott i samhället. Genom kampanjer och utbildningsinitiativ har medvetenheten om sexuellt våld ökat, vilket har uppmuntrat fler offer att komma fram och anmäla brotten.

Samtidigt har det funnits kritik mot bristen på tillräckliga resurser och stöd för offer för sexuella övergrepp. Många offer vittnar om att de möts av långa väntetider och brist på specialiserad hjälp efter att de har anmält en våldtäkt. Detta kan vara en av orsakerna till att en del drar sig för att anmäla brottet överhuvudtaget.

För att bekämpa den ökande trenden av våldtäkter krävs en heltäckande strategi som involverar flera samhällsaktörer. Bland de åtgärder som föreslås finns:

INCREASE IN RAPES IN SWEDEN - A DISTURBING TREND REQUIRING ACTION

In recent years, Sweden has witnessed a disturbing increase in rapes, which has garnered serious attention and concern in society. This alarming trend demands action and collaboration to ensure safety and security for all citizens.

According to statistics from the Swedish National Council for Crime Prevention (Brå), the number of reported rapes has been steadily increasing in recent years. This has raised questions about the factors contributing to this rise and what can be done to counteract it.

One of the factors believed to contribute to the increased reporting of rapes is the heightened awareness and attention to sexual crimes in society. Awareness of sexual violence has grown through campaigns and educational initiatives, encouraging more victims to come forward and report the crimes.

Simultaneously, there has been criticism of the lack of adequate resources and support for victims of sexual assault. Many victims report encountering long waiting times and a lack of specialized assistance after reporting a rape. This may be one reason why some individuals hesitate to report the crime at all.

To combat the rising trend of rapes, a comprehensive strategy involving multiple stakeholders is needed. Among the proposed measures are:

1. Förbättrad utbildning om samtycke och sexuellt våld i skolor och ungdomsorganisationer för att främja respekt och medvetenhet om gränser.

2. Ökad satsning på resurser för polis och rättsväsende för att snabbare utreda och lagföra våldtäktsbrott.

3. Stärkt stöd för offer för sexuella övergrepp genom ökade resurser till kvinnojourer och andra stödorganisationer.

4. Ett fortsatt arbete med att utbilda och informera samhället om sexualbrott och hur vi tillsammans kan förebygga dem.

Genom att ta itu med både orsakerna och konsekvenserna av den ökade våldtäktsstatistiken kan vi arbeta mot ett samhälle där alla människor kan leva fritt från rädsla för sexuellt våld.

Det är av yttersta vikt att vi gemensamt tar ansvar för att förändra den nuvarande trenden och skapa ett tryggare och säkrare samhälle för alla. Genom samarbete och beslutsamma åtgärder kan vi bryta den negativa utvecklingen och se till att alla medborgare kan leva sina liv utan rädsla för våldtäkt och sexuella övergrepp.

1. Enhanced education about consent and sexual violence in schools and youth organizations to promote respect and awareness of boundaries.

2. Increased investment in resources for the police and the justice system to expedite investigations and prosecute rape cases.

3. Strengthened support for victims of sexual abuse through increased resources for women's shelters and other support organizations.

4. Continued efforts to educate and inform society about sexual crimes and how we can collectively prevent them.

By addressing both the causes and consequences of the rising rape statistics, we can work towards a society where everyone can live free from the fear of sexual violence.

It is of the utmost importance that we collectively take responsibility for changing the current trend and creating a safer society for all. Through collaboration and determined action, we can break the negative trajectory and ensure that all citizens can live their lives without fear of rape and sexual assault.

Oroande - Disturbing
Våldtäkter - Rapes
Brottsförebyggande rådet (Brå) - Swedish National Council for Crime Prevention (Brå)
Medvetenhet - Awareness
Lagföra - Prosecute
Kvinnojourer - Women's shelters
Förebygga - Prevent
Beslutsamma - Determined
Gemensamt - Collectively
Satsning - Investment

MILLENNIUMTRILOGIN - EN BANEBRYTANDE SVENSK KRIMINALSERIE

Millenniumtrilogin, författad av den svenska författaren Stieg Larsson, är en banbrytande kriminalserie som har fångat läsarens fantasi över hela världen. Trilogin består av romanerna "Män som hatar kvinnor", "Flickan som lekte med elden" och "Luftslottet som sprängdes", och den har blivit ett fenomen inom den internationella kriminallitteraturen.

Huvudkaraktärerna i Millenniumtrilogin är Mikael Blomkvist, en erfaren journalist och grundare av tidningen Millennium, och Lisbeth Salander, en hacker och forskare med en komplex bakgrund. Deras liv blir sammanvävda i en mörk och farlig värld av konspirationer, korruption och våld.

Berättelsen inleds med att Blomkvist anställs av Henrik Vanger, en förmögen företagsledare, för att lösa försvinnandet av hans släkting Harriet Vanger. Under utredningen upptäcker Blomkvist att Lisbeth Salander är en briljant men isolerad individ som kan hjälpa honom med fallet. Tillsammans blir de ett oslagbart team som avslöjar en serie hemska hemligheter.

Genom de tre romanerna kämpar Blomkvist och Salander mot korruption inom företagsvärlden, undersöker mysterier om försvunna personer och avslöjar nätverk av kriminella handlingar. Trilogin skildrar också teman som våld mot kvinnor, överlevnad och personlig hämnd, vilket ger en djupare dimension till karaktärerna och deras relationer.

THE MILLENNIUM TRILOGY - A GROUNDBREAKING SWEDISH CRIME SERIES

The Millennium Trilogy, written by Swedish author Stieg Larsson, is a groundbreaking crime series that has captivated readers' imagination worldwide. The trilogy consists of the novels "The Girl with the Dragon Tattoo," "The Girl Who Played with Fire," and "The Girl Who Kicked the Hornet's Nest," and it has become a phenomenon in international crime literature.

The main characters in the Millennium Trilogy are Mikael Blomkvist, an experienced journalist and founder of the magazine Millennium, and Lisbeth Salander, a hacker and researcher with a complex background. Their lives become intertwined in a dark and dangerous world of conspiracies, corruption, and violence.

The story begins with Blomkvist being hired by Henrik Vanger, a wealthy business tycoon, to solve the disappearance of his relative, Harriet Vanger. During the investigation, Blomkvist discovers that Lisbeth Salander is a brilliant but isolated individual who can assist him with the case. Together, they become an unbeatable team, exposing a series of gruesome secrets.

Throughout the three novels, Blomkvist and Salander fight against corruption within the corporate world, investigate mysteries of missing persons, and uncover networks of criminal activities. The trilogy also addresses themes of violence against women, survival, and personal revenge, adding a deeper dimension to the characters and their relationships.

Stieg Larssons skarpa skrivstil och engagerande berättande har gjort Millenniumtrilogin till en sällsynt framgång inom den nordiska kriminallitteraturen. Hans förmåga att skapa komplexa och trovärdiga karaktärer har fångat läsares uppmärksamhet och hållit dem engagerade genom hela serien.

Trilogin har också blivit framgångsrik på den internationella scenen och har översatts till flera språk, vilket har bidragit till att introducera den svenska kriminallitteraturen för en global publik.

Böckerna har även filmatiserats och TV-serier har skapats baserade på karaktärerna och berättelsen. Detta har ytterligare förstärkt seriens popularitet och gjort den till ett ikoniskt verk inom genren.

Millenniumtrilogin har blivit en kulturell ikon och har bidragit till att sätta den svenska kriminallitteraturen på den internationella kartan. Den fortsätter att vara en älskad och beundrad serie som fortsätter att fascinera och inspirera läsare över hela världen.

Stieg Larsson's sharp writing style and engaging storytelling have made the Millennium Trilogy a rare success in Nordic crime literature. His ability to create complex and believable characters has captured readers' attention and kept them engaged throughout the series.

The trilogy has also found success on the international stage and has been translated into several languages, introducing Swedish crime literature to a global audience.

The books have been adapted into films, and TV series have been created based on the characters and the story. This has further reinforced the series' popularity, making it an iconic work within the genre.

The Millennium Trilogy has become a cultural icon and has contributed to putting Swedish crime literature on the international map. It continues to be a beloved and admired series that continues to fascinate and inspire readers worldwide.

Banbrytande - Groundbreaking
Avslöjar - Expose/reveal
Hemska - Gruesome
Filmatiserats - Adapted into films
Förstärkt - Reinforced
Berättande - Storytelling
Utredning - Investigation
Sammanvävda - Intertwined
Oslagbart - Unbeatable

DISKUSSION OM BRÄNNINGEN AV KORANEN

Person A: Har du hört talas om det senaste fallet där någon brände en Koran? Det har skapat en stor kontrovers.

Person B: Ja, jag har hört om det. Det är verkligen chockerande och upprörande. Att bränna en religiös text är ett grovt övertramp mot religionsfriheten och respekt för andra trosuppfattningar.

Person A: Håller med. Det är en handling som kan såra och förarga människor som håller Koranen helig.

Person B: Exakt. Religionsfriheten är en grundläggande mänsklig rättighet, och vi borde respektera varje individs rätt att tro på vad de vill utan att bli kränkta på detta sätt.

Person A: Jag håller med om det. Men samtidigt är yttrandefriheten också viktig. Men det finns en fin linje mellan yttrandefrihet och att medvetet förolämpa och såra människor.

Person B: Ja, det är verkligen en svår balansgång. Yttrandefrihet är viktig för demokratin, men den bör inte missbrukas för att sprida hat och intolerans.

Person A: Absolut. Det är viktigt att vi alla tar ansvar för våra handlingar och ord och inte agerar på ett sätt som kan såra eller förtrycka andra.

Person B: Jag tycker också att det är viktigt att ha dialog och respektfulla diskussioner om olika trosuppfattningar. Det kan hjälpa till att minska konflikter och missförstånd.

DISCUSSION ABOUT THE BURNING OF THE QURAN

Person A: Have you heard about the recent incident where someone burned a Quran? It has caused a lot of controversy.

Person B: Yes, I have heard about it. It's really shocking and upsetting. Burning a religious text is a serious violation of religious freedom and respect for other beliefs.

Person A: I agree. It's an action that can hurt and offend people who hold the Quran sacred.

Person B: Exactly. Freedom of religion is a fundamental human right, and we should respect each individual's right to believe in what they want without being offended in this way.

Person A: I agree with that. But at the same time, freedom of speech is also important. However, there is a fine line between freedom of speech and intentionally insulting and hurting people.

Person B: Yes, it's definitely a difficult balance. Freedom of speech is important for democracy, but it should not be abused to spread hatred and intolerance.

Person A: Absolutely. It's important that we all take responsibility for our actions and words and not act in a way that can hurt or oppress others.

Person B: I also think it's important to have dialogue and respectful discussions about different beliefs. It can help reduce conflicts and misunderstandings.

Person A: Du har rätt. Om vi lär oss mer om varandras religioner och kulturer, kan vi bygga broar istället för att skapa klyftor.

Person B: Precis. Det är genom öppenhet och förståelse som vi kan skapa en fredligare och mer tolerant värld.

Person A: Jag håller verkligen med. Låt oss sträva efter att främja respekt och tolerans i samhället och motverka hat och intolerans.

Person B: Helt enig. Det är vår gemensamma plikt att skapa ett samhälle där alla kan leva i fred och harmoni oavsett religiös tro eller kulturell bakgrund.

Person A: En bra tanke att ta med oss när vi fortsätter diskutera sådana känsliga ämnen. Låt oss arbeta tillsammans för en värld där alla behandlas med värdighet och respekt.

Person B: Absolut. Det är genom samarbete och förståelse som vi kan bygga en bättre framtid för oss alla.

Person A: You're right. If we learn more about each other's religions and cultures, we can build bridges instead of creating divides.

Person B: Exactly. It's through openness and understanding that we can create a more peaceful and tolerant world.

Person A: I really agree. Let's strive to promote respect and tolerance in society and counteract hatred and intolerance.

Person B: Completely agreed. It's our collective duty to create a society where everyone can live in peace and harmony regardless of their religious beliefs or cultural backgrounds.

Person A: A good thought to carry with us as we continue discussing such sensitive topics. Let's work together for a world where everyone is treated with dignity and respect.

Person B: Absolutely. It's through collaboration and understanding that we can build a better future for all of us.

Förolämpa - Insult/offend
Yttrandefrihet - Freedom of speech
Fören - Bridge
Klyftor - Divides/gaps
Förtrycka - Oppress
Trosuppfattningar - Beliefs
Hat - Hatred

ÖVERTYGANDE OM ATT ÄTA SURSTRÖMMING

Person A: Hej! Har du någonsin hört talas om surströmming? Det är en delikatess här i Sverige som du borde prova!

Person B: Ja, absolut! Surströmming är en traditionell svensk maträtt som har en unik smak och är en riktig upplevelse.

Utlänning: Surströmming? Är det den där fermenterade sillen som jag har hört talas om?

Person A: Precis! Det är en inlagd och fermenterad sill som förvaras i burkar. Doften är kanske stark, men smaken är verkligen något du borde uppleva!

Utlänning: Jag är lite tveksam ... jag har hört att lukten är ganska ... intensiv.

Person B: Ja, det stämmer att lukten kan vara lite speciell, men låt dig inte avskräckas av det. Många som äter surströmming blir förvånade över hur gott det faktiskt är!

Person A: Absolut! Och om du vill ha den bästa upplevelsen, så serveras surströmming traditionellt med färsk potatis, lök och tunnbröd. Det är verkligen en typisk svensk sommarmåltid!

Utlänning: Hmm, det låter intressant. Men jag är inte säker på om jag vågar prova det.

Person B: Kom igen, ge det en chans! Att äta surströmming är en del av den svenska kulturen och en rolig och minnesvärd upplevelse.

CONVINCING TO TRY SURSTRÖMMING

Person A: Hi! Have you ever heard of surströmming? It's a delicacy here in Sweden that you should try!

Person B: Yes, absolutely! Surströmming is a traditional Swedish dish with a unique taste and a real experience.

Foreigner: Surströmming? Is that the fermented herring I've heard about?

Person A: Exactly! It's a pickled and fermented herring stored in cans. The smell might be strong, but the taste is something you should really experience!

Foreigner: I'm a bit hesitant... I've heard that the smell is quite... intense.

Person B: Yes, it's true that the smell can be a bit special, but don't let that discourage you. Many people who try surströmming are surprised by how delicious it actually is!

Person A: Absolutely! And if you want the best experience, surströmming is traditionally served with new potatoes, onions, and thin bread. It's truly a typical Swedish summer meal!

Foreigner: Hmm, that sounds interesting. But I'm not sure if I dare to try it.

Person B: Come on, give it a chance! Eating surströmming is a part of Swedish culture and a fun and memorable experience.

Person A: Ja, precis! Dessutom kommer du att imponera på oss svenskar om du vågar prova det.

Utlänning: (skrattar) Okej, ni har övertalat mig. Jag kommer att prova surströmming!

Person B: Fantastiskt! Du kommer inte att ångra dig. Vi lovar att du kommer att få en unik och smakrik upplevelse.

Person A: Så sant! Och efteråt kan vi dela några skratt om hur stark doften var när vi först öppnade burken.

Utlänning: (skrattar) Låter som en plan! Jag ser fram emot att prova denna svenska delikatess med er.

Person B: Perfekt! Vi ser fram emot att dela den här kulinariska upplevelsen med dig.

Person A: Ja, det kommer att bli kul! Surströmming är verkligen något som du bara kan uppleva här i Sverige.

Utlänning: Tack för att ni har övertygat mig. Jag ser fram emot att smaka på något så unikt och autentiskt svenskt!

Person B: Det är vår glädje! Vi är säkra på att du kommer att älska det. Välkommen till Sverige och surströmmingens värld!

Person A: Yes, exactly! Plus, you'll impress us Swedes if you dare to try it.

Foreigner: (laughs) Okay, you've convinced me. I will try surströmming!

Person B: Fantastic! You won't regret it. We promise you'll have a unique and flavorful experience.

Person A: So true! And afterwards, we can share some laughs about how strong the smell was when we first opened the can.

Foreigner: (laughs) Sounds like a plan! I'm looking forward to trying this Swedish delicacy with you.

Person B: Perfect! We're looking forward to sharing this culinary experience with you.

Person A: Yes, it will be fun! Surströmming is truly something you can only experience here in Sweden.

Foreigner: Thank you for convincing me. I'm looking forward to tasting something so unique and authentically Swedish!

Person B: It's our pleasure! We're sure you'll love it. Welcome to Sweden and the world of surströmming!

Burkar - Cans
Avskräckas - Discourage
Kul - Fun

DISKUSSION OM KOSTNADEN FÖR ALKOHOLKONSUMTION I NORGE

Person A: Hej! Har du hört hur dyrt det är att dricka alkohol i Norge?

Person B: Ja, verkligen! Det är otroligt höga priser på alkohol där.

Person A: Jag hörde att det beror på den höga alkoholskatten i Norge.

Person B: Precis, alkoholskatten är väldigt hög för att minska alkoholkonsumtionen och dess påverkan på samhället.

Person A: Det låter som en bra tanke, men jag kan tänka mig att det kan vara frustrerande för invånarna i Norge att betala så mycket för alkohol.

Person B: Ja, det är verkligen en nackdel. Många norrmän väljer ibland att köpa alkohol i grannländerna där det är billigare.

Person A: Ja, det är förståeligt. Men samtidigt måste de vara försiktiga eftersom det kan finnas tullrestriktioner för att ta med alkohol över gränsen.

Person B: Precis, det är viktigt att vara medveten om sådana regler för att undvika problem.

Person A: Jag undrar om den höga kostnaden för alkohol påverkar norska ungdomars drickande.

DISCUSSION ON THE COST OF DRINKING IN NORWAY

Person A: Hi! Have you heard how expensive it is to drink alcohol in Norway?

Person B: Yes, definitely! The prices for alcohol there are incredibly high.

Person A: I heard it's because of the high alcohol tax in Norway.

Person B: Exactly, the alcohol tax is very high to reduce alcohol consumption and its impact on society.

Person A: That sounds like a good idea, but I can imagine it can be frustrating for the residents of Norway to pay so much for alcohol.

Person B: Yes, it is indeed a drawback. Many Norwegians sometimes choose to buy alcohol in neighboring countries where it's cheaper.

Person A: Yes, that's understandable. But at the same time, they have to be careful as there may be customs restrictions for bringing alcohol across the border.

Person B: Precisely, it's important to be aware of such regulations to avoid problems.

Person A: I wonder if the high cost of alcohol affects the drinking habits of Norwegian youth.

Person B: Det är en intressant fråga. Den höga kostnaden kan troligen avskräcka vissa ungdomar från att dricka, men det kan också vara en utmaning för dem som ändå vill dricka.

Person A: Ja, det är nog en balansgång. Å ena sidan kan höga priser minska alkoholkonsumtionen, men å andra sidan kan det också skapa ekonomiska svårigheter för dem som inte kan eller vill betala.

Person B: Precis, det är verkligen en komplex fråga. Det kräver nog en helhetssyn på alkoholpolitiken för att finna den bästa lösningen.

Person A: Jag håller med. Alkoholpolitiken bör ta hänsyn till både folkhälsan och individens ekonomiska situation.

Person B: Definitivt. Det handlar om att hitta en balans mellan att minska skadlig alkoholkonsumtion och samtidigt inte göra det ekonomiskt omöjligt för människor att njuta ansvarsfullt.

Person A: Precis så. Det är en komplex fråga som kräver genomtänkta åtgärder.

Person B: Absolut. Förhoppningsvis kan de norska myndigheterna hitta en balans som fungerar för alla.

Person A: Ja, låt oss hoppas på det. Det är viktigt att skapa en sund och ansvarsfull alkoholkultur.

Person B: That's an interesting question. The high cost can probably deter some youth from drinking, but it can also be a challenge for those who still want to drink.

Person A: Yes, it's likely a balancing act. On one hand, high prices can reduce alcohol consumption, but on the other hand, it can also create financial difficulties for those who cannot or do not want to pay.

Person B: Exactly, it's a complex issue. It probably requires a comprehensive approach to alcohol policy to find the best solution.

Person A: I agree. Alcohol policy should consider both public health and individuals' financial situations.

Person B: Definitely. It's about finding a balance between reducing harmful alcohol consumption and not making it financially impossible for people to enjoy responsibly.

Person A: Exactly. It's a complex issue that requires well-thought-out measures.

Person B: Absolutely. Hopefully, the Norwegian authorities can find a balance that works for everyone.

Person A: Yes, let's hope for that. It's important to create a healthy and responsible alcohol culture.

Avskräcka - Deter
Tullrestriktioner - Customs restrictions
Ansvarsfull - Responsible
Balansgång - Balancing act
Folkhälsan - Public health
Åtgärder - Measures
Helhetssyn - Comprehensive approach

TJUREN OCH GULLGOSSEN

Det var en gång en ung pojke vid namn Gullgossen, som bodde med sin familj på en gård djupt inne i skogen. Gullgossen var känd för sitt mod och sin styrka. Han hade alltid drömt om att bege sig ut på äventyr och upptäcka världen utanför skogen.

En dag hörde Gullgossen talas om en mäktig tjur som sägs ha vandrat i skogarna i århundraden. Tjuren ansågs vara en symbol för styrka och kraft, och många människor hade försökt att fånga den, men ingen hade lyckats. Gullgossen kände att det var ett äventyr som var värt att ta på sig.

Han förberedde sig noggrant och tog med sig ett rep och en väska med mat. Han gav sig av tidigt på morgonen och följde spåren som ledde djupare in i skogen. Ju längre han gick, desto tystare blev skogen omkring honom. Han var ensam, men han kände inte rädsla. Istället kände han en spännande förväntan inför mötet med den mäktiga tjuren.

Efter flera timmars vandring hörde Gullgossen ett djupt bröl. Han visste att han var nära. Han smög sig fram genom skogen och där, mellan träden, såg han den imponerande tjuren. Den var stor och majestätisk med sina mäktiga horn och kraftfulla kropp.

Gullgossen var fascinerad och han insåg att han ville vara nära tjuren för att känna dess kraft. Försiktigt närmade han sig tjuren och räckte ut handen för att klappa det stolta djuret. Tjuren lät honom närma sig och verkade inte vara hotfull.

Dagarna gick och Gullgossen tillbringade allt mer tid tillsammans med tjuren. De blev vänner och kunde kommunicera utan ord.

THE BULL AND GULLGOSSEN

Once upon a time, there was a young boy named Gullgossen, who lived with his family on a farm deep in the forest. Gullgossen was known for his courage and strength. He had always dreamt of going on adventures and exploring the world beyond the forest.

One day, Gullgossen heard about a mighty bull that was said to have roamed the forests for centuries. The bull was considered a symbol of strength and power, and many people had tried to capture it, but no one had succeeded. Gullgossen felt that it was an adventure worth undertaking.

He prepared carefully, taking with him a rope and a bag of food. He set out early in the morning, following the tracks that led deeper into the forest. The further he walked, the quieter the forest became around him. He was alone, but he felt no fear. Instead, he felt an exciting anticipation for the encounter with the mighty bull.

After several hours of walking, Gullgossen heard a deep roar. He knew he was close. He sneaked through the forest, and there, among the trees, he saw the impressive bull. It was large and majestic, with its mighty horns and powerful body.

Gullgossen was fascinated, and he realized that he wanted to be close to the bull to feel its power. He approached the bull cautiously and reached out his hand to touch the proud creature. The bull let him come close and did not seem threatening.

The days passed, and Gullgossen spent more and more time with the bull. They became friends and could communicate without words.

Tjuren lärde Gullgossen om skogens hemligheter och visade honom platser som han aldrig tidigare hade sett.

Ryktet om Gullgossens äventyr spreds sig snart i byn, och människor kom från när och fjärran för att höra berättelsen om den modige pojken och den mäktiga tjuren. Gullgossen blev känd i hela landet för sin vänskap med den mytomspunna varelsen.

Men det var inte berömmelse som lockade Gullgossen, utan kärleken till skogen och dess djur. Han insåg att hemligheten till att förstå den mäktiga tjuren inte låg i att erövra eller fånga den, utan i att respektera och älska naturens skönhet och mystik.

Så Gullgossen fortsatte sitt äventyr genom skogen, med sin vän, den mäktiga tjuren, vid sin sida. Han visste att det fanns mer att utforska och upptäcka, och att varje steg i skogen skulle leda honom närmare sig själv och naturens hemligheter.

Och så fortsatte Gullgossens legendariska äventyr, levande i folksagor och berättelser om den modige pojken som fann en oväntad vän i den mäktiga tjuren i skogen.

The bull taught Gullgossen about the secrets of the forest and showed him places he had never seen before.

The news of Gullgossen's adventure soon spread in the village, and people came from near and far to hear the story of the brave boy and the mighty bull. Gullgossen became known throughout the country for his friendship with the mythical creature.

But it was not fame that attracted Gullgossen; it was his love for the forest and its animals. He realized that the secret to understanding the mighty bull did not lie in conquering or capturing it but in respecting and loving the beauty and mystique of nature.

So Gullgossen continued his adventure through the forest, with his friend, the mighty bull, by his side. He knew that there was more to explore and discover, and that each step in the forest would bring him closer to himself and the mysteries of nature.

And so, Gullgossen's legendary adventure continued, living in fairy tales and stories of the brave boy who found an unexpected friend in the mighty bull of the forest.

Mytomspunna - Mythical
Erövra - Conquer
Troligen - Probably
Mod - Courage

TOR OCH JÄTTARNAS UTMANING

En gång i forntiden, i de nordiska myternas värld, stod gudarna i Asgård inför en stor utmaning. Jättarna, en kraftfull och vild stam av jättar, hade börjat hota freden och stabiliteten i de nio världarna. Mäktiga Tor, gudarnas starkaste och modigaste krigare, kände att det var hans ansvar att ta itu med hotet och skydda sitt folk.

Tor kallade till sig sin lojala vän, guden Loki, för att få hjälp och råd. Loki var känd för sin listighet och smarta knep, och han var alltid redo att stå vid Tors sida i strid.

Tillsammans smidde de en plan. De skulle ge sig ut på en farlig resa till jättarnas hemland, Jotunheim. Där skulle de försöka utmana jättarna i en serie av tester och prövningar för att bevisa gudarnas styrka och överlägsenhet.

Med Mjölner, Tors mäktiga hammare, i handen och sin magiska bälte Megingjard runt midjan, var han redo att möta jättarna och deras mäktiga ledare, Utgarda-Loki. De två gudarna vandrade djupt in i Jotunheims skogar och över snöklädda berg för att nå jättarnas stora hall.

Där välkomnades de av Utgarda-Loki själv, som var ökänd för sin bedrägliga natur. Han utmanade gudarna på olika sätt för att visa deras svaghet och sätta deras överlägsenhet på prov.

Första utmaningen var en drickstävling, där gudarna skulle dricka från en enorm horn. Trots att Thor försökte dricka så mycket han kunde, var det som om hornet aldrig tömdes. Utgarda-Loki skrattade och påpekade att gudarnas dryckesförmåga var mycket svagare än de hade påstått.

THOR AND THE JOTNAR'S CHALLENGE

Once upon a time, in the world of Norse mythology, the gods in Asgard faced a great challenge. The Jotnar, a powerful and wild tribe of giants, had begun to threaten the peace and stability of the nine realms. Mighty Thor, the gods' strongest and bravest warrior, felt it was his responsibility to confront the threat and protect his people.

Thor summoned his loyal friend, the god Loki, for help and advice. Loki was known for his cunning and clever tricks, and he was always ready to stand by Thor's side in battle.

Together, they devised a plan. They would embark on a dangerous journey to the giants' homeland, Jotunheim. There, they would attempt to challenge the giants in a series of tests and trials to prove the gods' strength and superiority.

With Mjölnir, Thor's mighty hammer, in hand and his magical belt Megingjard around his waist, he was ready to face the giants and their powerful leader, Utgarda-Loki. The two gods ventured deep into Jotunheim's forests and over snow-covered mountains to reach the giants' grand hall.

There, they were welcomed by Utgarda-Loki himself, who was infamous for his deceitful nature. He challenged the gods in various ways to reveal their weaknesses and put their superiority to the test.

The first challenge was a drinking contest, where the gods had to drink from an enormous horn. Despite Thor's efforts to drink as much as he could, it seemed as though the horn was never emptied. Utgarda-Loki laughed and pointed out that the gods' drinking abilities were much weaker than they had claimed.

I nästa utmaning skulle Tor lyfta en katt. Men katten var inte vad den verkade vara, för den var egentligen Jormungandr, den gigantiska Midgårdsormen, som omslöt hela världen. Trots Tors styrka kunde han inte få katten att lyfta mer än en av dess tassar från marken.

Sist utmanades Tor i en brottningstävling mot en gammal gumma som kallades Elli. Trots att han använde all sin kraft kunde han inte besegra henne.

Utgarda-Loki skrattade triumferande och avslöjade att han hade lurat gudarna hela tiden. Han var den mäktige jättarnas ledare och hade skapat illusioner för att dölja deras sanna natur.

Trots detta var Tor och Loki inte besvikna. De insåg att de hade mött utmaningar långt bortom vad de hade förväntat sig, och att de hade lärt sig värdefulla läxor om ödmjukhet och att inte underskatta sina motståndare.

De lämnade Jotunheim, berikade med erfarenhet och visdom. Trots att de inte hade besegrat jättarna på det sätt de hade tänkt, visste de att de hade stärkt sitt band som vänner och att de alltid skulle vara redo att stå tillsammans i nya äventyr och utmaningar.

Forntiden - Ancient times
Asgård - Asgard (the realm of the gods in Norse mythology)
Mjölner - Mjölnir (Thor's mighty hammer)
Megingjard - Megingjǫrð (Thor's magical belt)
Jotunheim - Jotunheimr (the realm of the giants in Norse mythology)
Bedräglig - Deceitful

In the next challenge, Thor was to lift a cat. But the cat was not what it seemed, for it was actually Jormungandr, the gigantic Midgard Serpent that encircled the entire world. Despite Thor's strength, he could only lift one of the cat's paws from the ground.

Lastly, Thor was challenged to a wrestling match against an old woman called Elli. Despite using all his might, he could not defeat her.

Utgarda-Loki laughed triumphantly and revealed that he had been deceiving the gods all along. He was the leader of the powerful giants and had created illusions to hide their true nature.

Despite this, Thor and Loki were not disappointed. They realized that they had faced challenges far beyond what they had expected, and that they had learned valuable lessons in humility and not underestimating their opponents.

They left Jotunheim, enriched with experience and wisdom. Although they had not defeated the giants in the way they had intended, they knew they had strengthened their bond as friends and that they would always be ready to stand together in new adventures and challenges.

Brottningstävling - Wrestling contest
Ödmjukhet - Humility
Underskatta - Underestimate
Erfarenhet - Experience
Berikade - Enriched
Försiktig - Cautious

SKOGENS TYSTNAD

Dimman rullade in över skogen som en tät filt av mörker. Det var en tyst och ogästvänlig plats, där träden nästan tycktes susa hotfulla varningar till den ensamma vandraren. Martin hade alltid haft en speciell förkärlek för skogen; den var en plats av lugn och ro, men ikväll kändes det annorlunda.

Han hade gett sig ut för att plocka svamp, något han hade gjort många gånger förut. Men den här gången var det något som inte stämde. Skogen var tyst, alltför tyst. Det var som om den höll andan och väntade på något. Martin ryckte på axlarna och försökte skaka av sig den otäcka känslan. Han var ju van vid mörker och ensamhet i skogen. Det var sådana här kvällar som gav honom inspiration till hans deckarromaner.

Men när han började vandra tillbaka mot stigen han hade kommit ifrån, kändes det som om träden hade flyttat på sig. Han insåg att han hade gått vilse. Det var inget ovanligt, men vanligtvis brukade han hitta tillbaka rätt snabbt. Nu kändes det som om skogen spelade ett spel med honom.

Martin fortsatte att vandra i hopp om att snart se något bekant. Men istället för att hitta hem stötte han på en övergiven stuga mitt i skogen. Den låg gömd bland trädens skuggor och såg ut som om den hade stått där övergivit i åratal.

Han kände hur en iskall vind blåste genom skogen, och han fick känslan av att någon iakttog honom. Han skyndade sig bort från stugan och fortsatte att vandra i en slumpmässig riktning. Men ju längre han gick, desto djupare verkade han fastna i skogen.

THE SILENCE OF THE FOREST

The mist rolled in over the forest like a dense blanket of darkness. It was a silent and inhospitable place, where the trees almost seemed to whisper threatening warnings to the lone walker. Martin had always had a special fondness for the forest; it was a place of tranquility and peace, but tonight, it felt different.

He had set out to pick mushrooms, something he had done many times before. But this time, something didn't feel right. The forest was quiet, too quiet. It was as if it was holding its breath and waiting for something. Martin shrugged and tried to shake off the eerie feeling. He was used to darkness and solitude in the forest. It was nights like these that inspired his detective novels.

But as he started to walk back towards the path he had come from, it felt like the trees had shifted positions. He realized that he was lost. It wasn't uncommon, but usually, he would find his way back quickly. Now, it felt like the forest was playing a game with him.

Martin continued to walk, hoping to soon see something familiar. Instead of finding his way home, he stumbled upon an abandoned cabin in the middle of the forest. It was hidden among the shadows of the trees and looked as if it had been deserted for years.

He felt a chilling wind blowing through the forest, and he had the sense that someone was watching him. He hurried away from the cabin and kept walking in a random direction. But the more he walked, the deeper he seemed to get entangled in the forest.

Han hörde plötsligt ett svagt ljud bakom sig och vände sig hastigt om, men där var ingenting. Bara den tysta skogen som omgav honom som en dunkel omfamning. Han fortsatte att gå, med hjärtat bultande i bröstet.

Efter vad som kändes som en evighet stod han plötsligt inför en glänta där månen lyste upp marken med ett blekt sken. Han kände sig något lugnare och lade märke till något underligt - en mörk skugga som rörde sig i buskarna längre bort.

Han smög sig närmare och såg två män som viskade i skuggorna. De verkade inte ha sett honom än. Martin drog sig tillbaka och gömde sig bakom ett träd. Tanken på att möta dessa män mitt i skogen fyllde honom med skräck. Vad var det de planerade?

Hjärtat dunkade i hans bröst när han beslutade sig för att inte riskera något. Han skulle försöka hitta tillbaka till stigen och ta sig därifrån så snabbt som möjligt. Han började vandra i en ny riktning och hoppades att han skulle lyckas hitta tillbaka hem.

Skogen kändes nu mer hotfull än någonsin, som om den gömde sina mörka hemligheter och hotade att sluka honom. Han fortsatte att vandra i det dunkla mörkret och bad till alla gudar att leda honom tillbaka till säkerhetens ljus.

Suddenly, he heard a faint sound behind him and quickly turned around, but there was nothing there. Only the silent forest surrounding him like a murky embrace. He kept walking, his heart pounding in his chest.

After what felt like an eternity, he suddenly found himself in a clearing where the moon cast a pale glow over the ground. He felt slightly calmer and noticed something peculiar - a dark shadow moving in the bushes farther away.

He crept closer and saw two men whispering in the shadows. They hadn't noticed him yet. Martin backed away and hid behind a tree. The thought of confronting these men in the middle of the forest filled him with dread. What were they planning?

His heart pounded in his chest as he decided not to take any risks. He would try to find the path back and get out of there as quickly as possible. He started walking in a new direction, hoping to find his way back to the safety of the light.

The forest now felt more threatening than ever, as if it was hiding its dark secrets and threatening to engulf him. He continued to walk through the dark, praying to all the gods to guide him back to the light of safety.

Glänta - Clearing
Dunkel - Murky
Omfamning - Embrace
Sluka - Swallow
Skräck - Dread
Försiktig - Cautious
Hotfull - Threatening
Förkärlek - Fondness
Otäck - Eerie

SKUGGOR I NATTEN

Det var en kall och mörk natt när poliskonstapel Eriksson fick larmet. En anonym uppringare hade rapporterat om ett misstänkt fall av våld i en övergiven industrilokal i utkanten av staden. Eriksson visste att det kunde bli farligt, men det var hans plikt att undersöka saken.

Han närmade sig den förfallna byggnaden med försiktighet, försökte vara så tyst som möjligt. Han lyssnade efter minsta ljud, men det var bara tystnad som mötte honom. Lokalen var övergiven och fylld av skuggor som dansade längs väggarna.

Eriksson tog fram sin ficklampa och lyste upp rummet. Där, i ett hörn, låg en gestalt. En kropp. Han kände pulsen stiga och en känsla av olust spred sig i magen. Han tog några steg närmare och såg offret tydligare. Det var en ung kvinna, blek och livlös.

Han visste att han skulle behöva säkra platsen och larma om det inträffade. Men något sa honom att han inte var ensam. Han vände sig om och såg två skuggfigurer i dörröppningen. De var beväpnade och hotfulla.

"Släpp vapnen och lägg er ner!" Eriksson tog ett steg bakåt och grep om sitt eget vapen. Han kände adrenalinet pumpa genom kroppen, redo för en kamp om det krävdes.

Skuggfigurerna stod kvar, osäkra på om de skulle ge upp eller inte. Plötsligt bröt den ena av dem tystnaden. "Vi har inget att göra med det här. Vi såg det bara ske." Rösten var hes och fylld av ångest.

SHADOWS IN THE NIGHT

It was a cold and dark night when Police Constable Eriksson received the call. An anonymous caller had reported a suspected case of violence in an abandoned industrial building on the outskirts of town. Eriksson knew it could be dangerous, but it was his duty to investigate the matter.

He approached the dilapidated building cautiously, trying to be as quiet as possible. He listened for any sound, but only silence greeted him. The place was abandoned and filled with shadows dancing along the walls.

Eriksson took out his flashlight and illuminated the room. There, in a corner, lay a figure. A body. His pulse quickened, and a feeling of unease spread in his stomach. He took a few steps closer and saw the victim more clearly. It was a young woman, pale and lifeless.

He knew he would have to secure the scene and call for backup. But something told him he was not alone. He turned around and saw two shadowy figures in the doorway. They were armed and menacing.

"Drop the weapons and lie down!" Eriksson took a step back and gripped his own weapon. He felt the adrenaline pumping through his body, ready for a fight if necessary.

The shadowy figures hesitated, unsure if they should give up or not. Suddenly, one of them broke the silence. "We have nothing to do with this. We just saw it happen." The voice was hoarse and filled with anguish.

Eriksson visste att han inte hade tid att tveka. Han kunde inte riskera att de skulle fly och undkomma rättvisan. "Lägg ner vapnen nu!" hans röst skar genom tystnaden och han kände hur hans hjärta bankade i bröstet.

Skuggfigurerna gav upp och lade ner sina vapen på golvet. Eriksson handfängslade dem och ringde förstärkning. Det var en lång natt av förhör och utredning, men till slut kunde han få fram sanningen om mordet.

Morgonen grydde när solen sakta steg över horisonten. Eriksson lämnade industrilokalen med en känsla av både lättnad och sorg. Han visste att det här var bara början på en lång och svår utredning.

Skuggorna i natten hade avslöjat en ond handling, men det var nu upp till honom och hans kollegor att bringa rättvisa och se till att de skyldiga ställdes till svars.

Eriksson knew he couldn't afford to hesitate. He couldn't risk them fleeing and escaping justice. "Put down the weapons now!" his voice cut through the silence, and he felt his heart pounding in his chest.

The shadowy figures surrendered and laid down their weapons on the floor. Eriksson handcuffed them and called for backup. It was a long night of interrogations and investigation, but eventually, he was able to uncover the truth about the murder.

Morning broke as the sun slowly rose on the horizon. Eriksson left the industrial building with a mix of relief and sorrow. He knew this was only the beginning of a long and difficult investigation.

The shadows in the night had revealed a heinous act, but now it was up to him and his colleagues to bring justice and ensure that the guilty were held accountable.

Förfallna - Dilapidated
Ångest - Anguish
Handfängslade - Handcuffed
Lättnad - Relief
Lysa upp - Illuminate
Utkanten - Outskirts
Tveka - Hesitate
Avslöja - Reveal
Brottsling - Criminal
Rättvisa - Justice
Försiktighet - Caution
Gry - Dawn
Poliskonstapel - Police Constable
Gestalt - Figure
Förstärkning - Backup

Other languages in the Rosetta Series:

Afrikaans
Albanian
Amharic
Arabic
Armenian (East, West)
Bengali
Bulgarian
Cantonese
Catalan (ENG, ESP)
Croatian
Czech
Danish
Dutch
Estonian
Esperanto (ENG, FRE, GER)
Farsi
Finnish
Frisian
Galician (ENG, ESP)
Gujarati
Hawaiian
Hebrew
Hindi
Hungarian
Icelandic
Indonesian
Irish
Italian
Japanese
Kazakh
Khmer
Korean
Lao

Latvian
Lithuanian
Maori
Malay
Mandarin (Banned on Weibo)
Neapolitan (ENG, ITA)
Nepali
Norwegian
Polish
Portuguese
Punjabi
Romanian
Romansh
Russian (And then it got worse)
Sami
Serbian
Sicilian (ENG, ITA)
Slovak
Slovene
Somali
Swahili
Swedish
Tagalog
Tamil
Thai
Turkish
Ukrainian
Urdu
Vietnamese
Welsh
Zulu